COMPRENDIENDO A
tu bebé

Colección Clínica Tavistock
DIRIGIDA POR ELSIE OSBORNE

LISA MILLER	*Comprendiendo a tu bebé*
DEBORAH STEINER	*Comprendiendo a tu hijo de 1 año*
SUSAN REID	*Comprendiendo a tu hijo de 2 años*
JUDITH TROWELL	*Comprendiendo a tu hijo de 3 años*
LISA MILLER	*Comprendiendo a tu hijo de 4 años*
LESLEY HOLDITCH	*Comprendiendo a tu hijo de 5 años*
DEBORAH STEINER	*Comprendiendo a tu hijo de 6 años*
ELSIE OSBORNE	*Comprendiendo a tu hijo de 7 años*
LISA MILLER	*Comprendiendo a tu hijo de 8 años*
DORA LUSH	*Comprendiendo a tu hijo de 9 años*
JONATHAN BRADLEY	*Comprendiendo a tu hijo de 10 años*
EILEEN ORFORD	*Comprendiendo a tu hijo de 11 años*
MARGOT WADDELL	*Comprendiendo a tu hijo de 12 a 14 años. La adolescencia, 1*
JONATHAN BRADLEY Y HÉLÈNE DUBINSKY	*Comprendiendo a tu hijo de 15 a 17 años. La adolescencia, 2*
BETA COPLEY Y GIANNA WILLIAMS	*Comprendiendo a tu hijo de 18 a 20 años. La adolescencia, 3*
VALERIE SINASON	*Comprendiendo a tu hijo discapacitado*

Lisa Miller

DE LA CLÍNICA TAVISTOCK

COMPRENDIENDO A

tu bebé

Que nuestro bebe sea
el mas comprendido
y felia espera.
Carlos y Mariuu

PAIDÓS

Barcelona
Buenos Aires
México

Título original: *Understanding your Baby*
Publicado en inglés por Rosendale Press Ltd., Londres

Traducción de Fernando Cardenal Alcántara

Cubierta de Mario Eskenazi

1ª edición, 1996

© 1992 by The Tavistock Clinic, Londres
© de todas las ediciones en castellano,
   Ediciones Paidós Ibérica, S. A.,
   Mariano Cubí, 92 – 08021 Barcelona,
   y Editorial Paidós, SAICF,
   Defensa, 599 – Buenos Aires

ISBN: 84-493-0309-5
Depósito legal: B-38.895/1996

Impreso en Gràfiques 92, S. A.
Torrassa, 108 - Sant Adrià de Besós (Barcelona)

Impreso en España – Printed in Spain

La clínica Tavistock, de Londres, fue fundada en 1920 para asistir a personas cuyas vidas habían quedado maltrechas a consecuencia de la Primera Guerra Mundial. Hoy sigue dedicada a entender las necesidades de las personas, aunque está claro que los tiempos y la gente han cambiado. La clínica sigue trabajando con adultos y con adolescentes pero, además, hoy tiene un gran departamento dedicado a los niños y a las familias. El departamento presta ayuda a padres amedrentados ante el desafío que representa la crianza de sus hijos, lo cual le ha dado una gran experiencia en niños de todas las edades. La clínica está decididamente a favor de intervenir lo antes posible en todos los problemas que inevitablemente surgen a medida que los niños crecen, y opina que, cuando los problemas se afrontan a tiempo, las personas más indicadas para resolverlos y ayudar a los niños son los mismos padres.

El personal profesional de la clínica está encantado de haber podido colaborar en esta serie de libros que describen el desarrollo ordinario del niño, y de haber podido así ayudar a señalar las dificultades que a veces se presentan y el importante papel que los padres están llamados a desempeñar.

LA AUTORA

Lisa Miller estudió en la Universidad de Oxford y trabajó después como maestra. Se formó como psicoterapeuta de la infancia en la clínica Tavistock de Londres y trabaja en esta clínica en el Departamento de Niños y Familias. Distribuye su tiempo entre el trabajo clínico y la enseñanza. Es responsable del Servicio de Asesoramiento sobre Menores de Cinco Años, al que acuden a consultar futuros padres y padres de niños menores de cinco años.

Entre sus publicaciones está *Closely Observed Infants* (Niños observados de cerca), que Lisa Miller dirigió junto con Margaret Rustin, Michael Rustin y Judy Shuttleworth, y que es una descripción del método de observación de niños ideado en la clínica Tavistock.

Lisa Miller está casada y tiene cuatro hijos.

SUMARIO

Página

INTRODUCCIÓN   13

1. LOS COMIENZOS   17
Los nueve meses dentro de la madre − El nacimiento

2. LOS PRIMEROS DÍAS   29
Empezar a conocerse − Los actos esenciales de la crianza: coger al niño y abrazarlo, lavarlo y alimentarlo − Lavar al bebé − Alimentar al bebé − Algunas preguntas:
¿pecho o biberón?, ¿tomas a horas fijas o cuando el bebé
lo pida? − ¿Horas fijas o a petición del niño?

3. EL BEBÉ CRECIDO   49
Los tres meses − El nacimiento del amor y de la confianza − Aprender a dominar el enfado − Otras dificultades: problemas con la comida y con el sueño; unión
mental con los padres
   Relaciones emocionales − Protección y estímulo −
Salir al mundo − Reacción y sensibilidad − Memoria y
pensamiento − Juego y comunicación
   Crecimiento: alimentación mixta y salida de los dientes − Vuelta de la madre al trabajo

4. EL DESARROLLO HACIA
   LA INDEPENDENCIA   83
Idas y venidas – Marcharse gateando – El destete –
La lucha por crecer: querer lo que no se puede tener –
Despedirse del bebé y ganar un niño – Conclusión

BIBLIOGRAFÍA   95

INTRODUCCIÓN

El primer año de la vida es un período crucial. Poco a poco la gente se ha ido dando cuenta de que los bebés necesitan algo más que cubrir sus necesidades esenciales de abrigo, de alimentación y de limpieza. No cabe duda de que en todos los tiempos los bebés han sido objeto de atención, de mimo, de amor y de preocupación; pero se ha tardado mucho en saber que estas cosas son en realidad absolutamente esenciales para el sano desarrollo del bebé. Así como los bebés no pueden crecer corporalmente si no se los alimenta y se los mantiene adecuadamente limpios, tampoco pueden crecer mentalmente —en sentimientos y en inteligencia— si no se los estimula a pensar y si no se les da suficiente afecto.

Sé que el lector es consciente de la importancia que esto último tiene, ya que de lo contrario no estaría leyendo este libro. Este libro se centra en el crecimiento del bebé en la esfera del sentimiento y del pensamiento, y en el desarrollo de la capacidad de establecer relaciones humanas, de debatirse entre lo que gusta y lo que no gusta, entre el placer y el miedo, en el camino hacia la comprensión cada vez más profunda de las cosas y hacia la independencia. Los padres se suelen dar cuenta espontáneamente de que sus bebés son criaturas fascinantes que dan mucho que pensar, aunque a veces sean también motivo de mucha ansiedad. Deseo que el libro responda a esa necesidad natural que todo padre tiene de comprender a su bebé.

Por supuesto que no se trata solamente de que los padres quieran comprender a sus bebés. Es que éstos, por su parte, tienen gran necesidad de que se los comprenda. Necesitan que sus padres reciban lo que ellos, los bebés, les comunican; que los padres descifren los mensajes que les envían, que encuentren el sentido de lo que les está ocurriendo. Nunca se podrá insistir demasiado en que la relación entre bebés y padres es una relación mutua, recíproca. Como veremos con más detalle más adelante, los bebés empiezan a comunicar desde el primer momento, y provocan sentimientos y reacciones en los padres al igual que éstos lo hacen en sus bebés. Se trata siempre de un proceso en las dos direcciones.

Puesto que cada bebé es un ser único, como es también única cada familia, un libro como éste no podrá nunca dar consejos concretos. Lo único que puede hacer es dar materia para pensar. A veces lo que más nos debe dar que pensar es nuestra manera de ser, nuestra fuerza o debilidad como padres, nuestras propias rarezas. ¿Por qué nos molesta tanto que el bebé haga esto y nos da lo mismo que haga lo otro? ¿Por qué esto nos parece tan delicioso y eso otro tan molesto? ¿Cómo es que lo que nos parecía bien en el caso del primer hijo ya no nos lo parece en el caso del segundo? ¿Qué cosas son necesarias a todos los bebés y qué otras varían de un bebé a otro, de una familia a otra?

Finalmente recuérdese que, mientras uno está tratando de comprender a su bebé, el bebé está tratando de comprenderlo a uno. Los bebés no son tontos; al contrario, son criaturas muy inteligentes y dotadas de mucha voluntad. Lo que pasa es que no tienen todavía la información necesaria. No saben nada del mundo, ni siquiera de ellos mismos. Tienen mucho que aprender mientras recorren el gran trayecto que va del nacimiento a la edad de un año. Hay una enorme diferencia entre el crudo y frágil boceto que sale del interior de la madre y el bebé de un año que está ya a punto de hablar y de moverse con independencia y que es ya una personita consolidada con su propio carácter. Nunca más en la vida el ser humano vuelve a experimentar un desarrollo tan rápido.

Algo más para terminar: a veces no hay una buena manera de referirse al bebé. ¿Deberíamos referirnos al bebé como *él*, como *ella* o como *ello*? Ninguna de las tres maneras sería enteramente satisfactoria. Decir siempre *el* bebé parece sexista. Decir *la* bebé sería igualmente sexista pero en sentido contrario; y referirnos al bebé como si fuera del género neutro sería poco amable con él. Así es que, para no confundir al lector, atribuiré en general al bebé el género masculino (*el* bebé) y a la persona que lo cría el género femenino (*la madre*), aunque sepamos muy bien que bebé puede ser igualmente una niña y que la persona que lo cría puede ser del género masculino (*el padre*, por ejemplo).

CAPÍTULO PRIMERO

LOS COMIENZOS

Los nueve meses dentro de la madre

Es una bendición que el embarazo dure nueve meses, ya que eso da tiempo a la mujer (o, si es el caso, a los dos, la madre y el padre) a habituarse a la idea de que hay un bebé que viene de camino. Mientras el embarazo y el nacimiento de un niño son cosas muy corrientes (lo confirma el hecho de que todos hayamos nacido), cada recién nacido es único, como lo fue también el embarazo. Esto es así básicamente por dos razones distintas. La primera es que la experiencia física del embarazo es diferente cada vez. Incluso en embarazos normales y corrientes, en uno el feto puede ser pequeño y moverse mucho, y la madre sentirse ligera hasta el final; y en otro (con un peso sólo ligeramente mayor) la mujer puede sentirse como si estuviera acarreando un peso enorme. Hay embarazos en los que las náuseas matutinas son un tormento; en otros (que pueden ser en la misma mujer) no se da lo más mínimo esa molestia. La segunda razón es que cada embarazo tiene un significado diferente. La mujer que queda embarazada a los cuarenta años tras llevar años intentándolo sin éxito siente un gozo y unos temores muy distintos de los de la mujer de veinte años que es estudiante y que ve sus estudios inoportunamente interrumpidos. La madre soltera que da a luz por primera vez tiene distintos pensamientos y hará distintos planes que la mujer casada que tiene ya una familia algo numerosa. El estado físico y el estado mental se aúnan para conformar la experiencia de cada embarazo.

En casi todos los embarazos hay una mezcla de sufrimientos y placeres. Casi siempre los miembros de la pareja tienen problemas por resolver, individual o conjuntamente. «Queremos tener un niño pero ¿es éste el momento?»; «deseaba tener un niño pero nunca creí que el embarazo me iba a sentar tan mal»; «estamos muy ilusionados pero a Susan la asaltan toda clase de temores; teme que el niño pueda ser defectuoso o algo así»; «mi suegra nos crea muchas dificultades». Es raro encontrar una mujer o una pareja que no experimente toda una serie de dudas, y también de alegrías.

Los sentimientos que la mujer tenga dependerán en parte de las circunstancias del embarazo: ¿deseaba la mujer quedarse embarazada?, ¿tiene problemas de salud? Pero dependerán también del hecho inevitable de que todo el mundo tiene un montón de ideas preconcebidas acerca de lo que es tener un hijo; y todas esas ideas empiezan a manifestarse desde el momento en que se sabe que se ha concebido. Se puede decir que nos estamos preparando para reproducirnos desde la infancia; y si no, recordemos lo que les gusta a los niños ya en la guardería jugar a las mamás y a los papás. Recordemos también el gran interés que muestran todos los niños pequeños por los embarazos de sus madres y por los lactantes. Después, a lo largo de toda la adolescencia y la juventud, a la mayoría de la gente le asalta de vez en cuando la preocupación de la posibilidad de tener un hijo. Las relaciones con nuestros padres, con nuestros hermanos y, por supuesto, con las personas con las que nos emparejamos y con las que nos hemos emparejado en el pasado, influyen todas ellas en lo que pueda significar para nosotros el ser madre o padre. Consciente o inconscientemente, albergamos nuestras ideas sobre lo que es ser buenos y malos padres y madres y sobre nuestra capacidad para desempeñar esas importantes funciones.

En pocas palabras, tener un niño conlleva una idea de optimismo y de esperanza. La mayoría de la gente se inclina a pensar que ese acto de creación es algo muy importante, a la vez que impresionante y misterioso. Todos vemos al futuro niño como un angelito y al mismo tiempo tememos que pueda ser un pequeño demonio; pero al final la emoción que produce la idea de éxito y triunfo prevalece sobre la otra de duda y conflicto. «Un recién nacido *siempre* es bonito», solía decir a modo de refrán una abuela con muchos hijos y nietos.

¿Qué significa la vida para el feto que está dentro de la matriz? La mujer se va acostumbrando gradualmente a la idea de que va a nacer un niño, y también el feto se va preparando gradualmente para vivir en el mundo exterior. Es sabido que los niños pueden nacer y sobrevivir tras sólo siete meses de gestación, y las capacidades y reacciones de esos niños son muy parecidas a las de los niños nacidos a término. Así es que hemos de suponer que en las últimas semanas del embarazo el feto es capaz de darse cuenta de lo que le pasa. El feto oye la voz de la madre, como también la del padre y las voces de los hermanos. La prueba es que el niño recién nacido se vuelve al oír la voz de la madre, como si la reconociera. Dentro de la madre el feto no se va creando solamente en lo físico sino también en todos los aspectos mentales y emocionales.

El nacimiento

Sigamos meditando sobre las experiencias del bebé. ¿Qué será para él el nacimiento? Con el nacimiento termina su vida en el interior de la madre, una vida en la que el feto está conectado al sistema materno, está bien sostenido y todas sus necesidades son satisfechas sin necesidad de que medie ningún deseo. El feto no conoce lo que es ser una persona separada ni lo que es sentir hambre ni frío, desconoce lo que es necesitar que lo sostengan o lo que es sentirse solo. De pronto llega un momento en que su pequeño mundo cerrado empieza a agitarse y al cabo de un tiempo, tal vez largo, de turbulencia, se lo comprime y se lo lanza al exterior, a un mundo desconocido en el que habrá de respirar ya desde el primer instante o perecer.

Se comprende que el nacimiento suponga para el niño un cambio radical. Es uno de los grandes dramas de la vida. Es violento y tempestuoso tanto para la madre como para el niño, y no se puede esperar que ni la una ni el otro se recuperen demasiado pronto. Es comprensible, por otra parte, que la madre tenga prisa por volver a la normalidad, pero pretender que no le ha pasado nada sería una equivocación. Hoy día las madres se levantan y se ponen a hacer cosas en cuanto pueden, y esto está bien siempre que ni ellas ni las familias se engañen a sí mismas pretendiendo negar que ha ocurrido algo que es muy importante. «No descartes la bata demasiado pronto», le recomendó una mujer mayor a una madre joven. Con ello quiso decir entre otras cosas que si la mujer adquiere la *apariencia* de haber vuelto completamente a la normalidad los demás pueden olvidarse de que esa mujer acaba de dar a luz un niño y pueden esperar de ella que se reintegre del todo al trabajo normal. La realidad es que hemos de reconocer que la nueva madre y su hijo necesitan tiempo para orientarse y recobrar su equilibrio. El otro día dos madres jóvenes hablaban a la puerta de la escuela. Una tenía un lactante en brazos. La otra le dijo riendo, pero con toda sinceridad: «¿Verdad que dar a luz es como un holocausto emocional?».

Hoy día la mayoría de los nacimientos tienen lugar en el hospital, lo que obviamente tiene ventajas. Los médicos aconsejan «curarse en salud», y da mucha tranquilidad saber que en el hospital cualquier complicación se tratará de inmediato. Lo que importa es que de la intimidad que tenían los partos en casa no se pierda más de lo que sea estrictamente necesario. Las parejas que han tenido las dos experiencias, la de un parto en casa y la de un parto en el hospital, valoran mucho la intimidad del parto en casa y lo prefieren al parto en el hospital. En casa el drama del nacimiento se mantiene privado, y todos los sentimientos que van con él quedan recogidos en el seno de la familia. Todo lo que tiene relación con el parto remueve muchos sentimientos, y la mayoría de las mujeres que pasan por los cuidados prenatales y el parto tienen después un montón de sentimientos encontrados con respecto a los médicos y las matronas. Si se da a luz en casa, la pareja y la comadrona establecen una relación personal y todo el proceso se lleva a cabo de manera muy amistosa, mientras que en el hospital la mujer se encuentra con toda una serie de desconocidos, precisamente en momentos en los que se siente más vulnerable.

La presencia del padre puede ser importante, y hoy es ya práctica corriente plantear la cuestión de si el padre estará o no presente en el parto. Hay parejas en las que la mujer siente que es esencial verse acompañada y apoyada por el varón. Otras parejas ven la cosa de otro modo. Las dos posturas son respetables. Para los que están indecisos vale la pena recordar que es muy raro que el padre se arrepienta de haber estado en el parto.

La mujeres difieren mucho unas de otras en la manera en que se comportan después de haber tenido partos difíciles. Hay mujeres que se sienten tan satisfechas con su hijo sano que pronto olvidan el sufrimiento pasado. Otras necesitan mucho tiempo para digerir la mala experiencia sufrida, y quizá sientan la necesidad de contar y volver a contar la historia del parto tratando de comprender lo que pasó antes de poder olvidarlo.

El recién nacido necesita ponerse en contacto con la madre inmediatamente. Hoy se suele usar la palabra «vínculo» (*bonding,* en inglés) para designar esa relación tan importante que se establece entre el lactante y la madre. Todo el futuro del niño depende de que el lactante haya sido criado de modo continuo por una misma persona, que en circunstancias ideales será la propia madre. El vínculo se establece inmediatamente después del nacimiento. Hoy ya saben en los hospitales que, si no hay nada que lo impida, hay que darle el recién nacido a la madre inmediatamente después del nacimiento para que lo coja y le dé a chupar el pecho. A veces nos encontramos con recién nacidos que están tan despiertos y tan bien orientados que buscan decididamente el pezón sin perder un instante. La madre de Susanna dijo: «Parecía como si hubiera sido bien aleccionada ya desde antes de nacer». Según lo describió, Susanna miró directamente a los ojos de la madre, después miró exactamente al pezón, se agarró a él con la boca como si lo hubiera estado haciendo toda la vida y empezó a chupar con fuerza.

También es verdad que hay grandes diferencias entre recién nacidos. Tomemos por ejemplo el caso de Frances, que nació tras un parto laborioso plagado de problemas. Frances nació impregnada con los medicamentos que había sido necesario administrar a la madre, y siguió adormilada, sin apenas alimentarse, sin hambre y sin moverse durante muchos días, hasta que se fue reponiendo poco a poco y empezó a despabilarse y a interesarse por lo que pasaba. En cambio Simon nació en casa tras un parto breve en el que no se administraron medicamentos y, sin embargo, el médico de la familia que lo visitó al día siguiente lo encontró «absolutamente exhausto». Sin que se supiera por qué, Simon tardó en despertarse tanto como Frances. Hemos de admitir que existen diferencias de temperamento entre los recién nacidos. Se supone que el carácter de cada niño se forma tanto antes del nacimiento como durante éste y después de éste por la influencia de las cosas que le ocurren, a las cuales el niño reacciona según su naturaleza particular.

Los recién nacidos reaccionan frente a la adversidad de modo diferente unos de otros. Muchos son bastante resistentes y, aunque tengan un comienzo difícil, se recuperan bien tan pronto como sus necesidades se ven satisfechas. La madre de Emma (su tercer parto) contaba lo que le molestó que mientras el joven médico —amable pero lento— la suturaba, otros atendieran a la niña que, a su lado, movía los brazos y pateaba. La madre tenía experiencia y sabía que ésa no era la mejor manera de que un niño pasara su primera hora de vida, pero confió en estar aún a tiempo de poner remedio a su relación con Emma, y así fue en efecto. Lo notable fue la conducta de Matthew, que fue adoptado a la semana de haber nacido. La madre adoptiva percibió enseguida que Matthew le dirigía miradas muy intensas y expectantes, que parecían de esperanza y de deseo de establecer fuerte unión con ella. Efectivamente, pronto quedó muy unido a ella, superando enteramente unos comienzos que habían amenazado hacer de él un lactante difícil de calmar y mal vinculado; y es que ocurre que hay niños que desde el nacimiento son muy sensibles y necesitan más atención que otros. En el próximo capítulo volveremos sobre otras necesidades del recién nacido.

Quiero terminar este capítulo sobre el nacimiento diciendo algunas palabras acerca del lloro de la madre tras el parto. Por supuesto que, tras el parto, la madre (y también el padre y, desde luego, los otros niños de la pareja) queda durante semanas en un estado muy emocional, sobre el que hablaré más adelante. A lo que me estoy refiriendo ahora es a esos ataques de tristeza y de lloro que les dan a las madres a los pocos días de nacer el niño. En esto hay que tener en cuenta varios elementos. Sin duda que el primero es que la madre tiene todas sus hormonas a punto de ebullición. A ello se mezclan importantes factores emocionales. Tras el júbilo del nacimiento y del triunfo que significa haber creado una persona nueva, y toda la emoción de las felicitaciones y del regocijo, se puede producir un importante bache. Hay muchas madres que dicen que «el niño causaba muchos menos problemas cuando estaba dentro». Fuera, el niño da preocupaciones, aunque todo vaya bien con él. Pero lo fundamental es que la madre tiene una sensación de pérdida. Lo que estaba dentro de ella está ahora fuera. La madre (y también, claro está, el padre y toda la familia, pero sobre todo la madre) ha perdido una manera de vivir para ganar otra nueva. El sentimiento de responsabilidad, sobre todo si el niño es primogénito, es inmenso. Con frecuencia la madre se siente perdida, empequeñecida, inadecuada y necesitada de ayuda. Incluso la madre más experimentada tiene la sensación de que los primeros diez días de la vida del niño están llenos de enormes altibajos. Una mujer, tras haber dado a luz su quinto hijo, vio que la comadrona escribía en la casilla de «puerperio» (es decir, los diez días que siguen al parto) de su ficha la anotación «normal» y se dijo para sí: «¡Si supiera lo que he pasado!».

CAPÍTULO SEGUNDO

LOS PRIMEROS DÍAS

Empezar a conocerse

Los primeros tres meses de la vida del niño pueden ser muy duros. Terminé el capítulo anterior diciendo que con frecuencia la madre se siente perdida, disminuida e inadecuada. Lo mismo le pasa al niño. O al menos, para ser más precisos, puesto que el bebé no habla, digamos que el niño se encuentra en un mar de experiencias nuevas. Hay algunas cosas que son esenciales para el desarrollo del bebé. Sabemos que el bebé necesita que haya una persona fija que se ocupe de su crianza. No tiene necesariamente que ser la madre biológica, ni tampoco estoy diciendo que otras personas no vayan a poder acercarse al niño para ayudar —todo lo contrario, como veremos enseguida—. Lo que digo es que tiene que haber alguien que durante este tiempo tenga al bebé en el primer lugar de su lista de prioridades. Enseguida se comprende que esa persona no puede hacerlo todo ella sola. Si uno va a estar atento a las necesidades del bebé más o menos las veinticuatro horas del día, va a necesitar con toda probabilidad que alguien lo ayude y que alguien le dé compañía y apoyo moral. Idealmente, esa compañía será la del padre del niño.

En la familia en la que nació John concurrieron toda clase de ayudas a la díada formada por la madre y el niño. Para empezar, el padre se tomó en el trabajo quince días de permiso, lo cual fue especialmente importante para esta familia en particular. El parto no había sido fácil; John necesitó cuidados especiales durante un par de días, y mientras tanto la madre estaba muy enferma y casi no se acordaba de nada de lo que había pasado en el parto. Desde el primer momento el padre fue una ayuda esencial para la madre. Él sí recordaba todos los detalles del parto. Le describía repetidamente a la madre cómo era el niño, los pequeños sonidos que emitía, cómo se sucedieron los acontecimientos, qué decían todos aquellos médicos y enfermeras. Compartió con su mujer la ansiedad que les producía ver la extraña cara aplastada que tenía John y el inmenso alivio que se produjo cuando quedó claro que John era un niño perfectamente normal.

Cuando volvieron a casa, los dos miembros de la pareja estaban orgullosísimos con su nuevo bebé, su cuna nueva, todo nuevo y, sin embargo, se sentían también inseguros por no haber asumido aún del todo su papel de padres. Durante la primera semana la madre se sintió abrumada en distintas ocasiones. Dar el pecho era una lucha: ¿habría que intercalar algún biberón?, ¿cuánto estaba tomando el niño?, ¿se estaban produciendo grietas en los pezones? Pensaba que acabaría enterrada bajo una montaña de ropa que lavar y perdida en el desorden general. En esos días la presencia del padre fue esencial y los dos juntos hicieron frente a la situación. Hubo veces en que el padre estaba tan desorientado como la madre, cuando John lloraba tanto antes de una toma como durante ella o después. A veces intentaba sobreponerse a la situación y calmar a su mujer mientras preparaba un biberón con cierto aire de superioridad, pero terminaba aún más exasperado que antes. En general, no obstante, todo fue bien. Esencialmente, el padre hizo posible que la madre pudiera realizar bien su función, y estuvo allí para animar y para ayudar cada vez que fue necesario.

Esta madre tuvo también el apoyo de una mujer de una organización no gubernamental (la National Childbirth Trust), que presta asistencia después de un nacimiento, la cual le dio un montón de buenos consejos sobre cómo darle el pecho al niño. Recibió también ayuda de una vecina amiga, persona paciente, animosa y que mostraba interés, madre de varios niños. Luego, cuando el padre tuvo que volver al trabajo, la hermana menor de la madre acudió a acompañarla, y entonces la madre tuvo por primera vez el placer de ser ella la persona que tenía allí más experiencia y la que dirigía los cuidados del niño.

Por supuesto que muchas madres tienen que arreglárselas con menos, pero es interesante que en todas las culturas la díada de la madre y el lactante —la díada de la crianza— es objeto de apoyo y protección. La madre de John pasó una crisis de identidad: fue como si el nacimiento del niño la hubiera privado de muchas de las cosas que habían conformado su identidad, y necesitó tiempo para ir adquiriendo una identidad nueva. Esa crisis es común a muchas mujeres occidentales. La mujer que antes del embarazo ha sido peluquera o maestra o diseñadora gráfica o lo que quiera que sea, que ha adquirido competencia en su trabajo y se ha labrado un hueco en la sociedad, se ve ahora lanzada a ser otra cosa —madre— de la que sabe bien poco y sobre la que tiene que aprenderlo todo paso a paso.

Los actos esenciales de la crianza: coger al niño y abrazarlo, lavarlo y alimentarlo

Visto de un modo simplista, lo que un bebé necesita queda reducido a que se lo abrace, se lo tenga limpio y se lo alimente. Voy a pasar revista a cada una de esas necesidades físicas, y sugiero que cada una de ellas tiene su equivalente psicológico o emocional.

Ser cogido en brazos es la primera de las necesidades. No se puede dejar al bebé solo y que se las arregle por sí mismo. Hay que coger al bebé y llevarlo de un lado a otro. Hay que ponerlo al pecho y abrigarlo. No cabe ninguna duda de que el bebé tiene miedo a que se lo deje caer y necesita sentirse bien cogido. Dentro de la matriz estaba sostenido por todos los lados. Ahora que está fuera necesita que se lo acurruque y que el abrigo que se le dé se acomode a su forma. Es frecuente que el mismo bebé termine hundiéndose en el ángulo de las ropas de la cuna como si hubiera buscado una madriguera adaptada a su tamaño. Lo primero que le hace sentir sus límites corporales –dónde termina lo que es él y empieza lo que no es él– es la experiencia de sentirse rodeado por los brazos de la madre y sentir la proximidad del pecho o del biberón.

Ser cogido en brazos y sentir un objeto que se le ofrece es la primera experiencia importante en la vida del bebé. El bebé tiende instintivamente hacia el pezón de la madre, y el pezón o la tetina del biberón se convierten en el foco de su existencia. Los mayores seguimos necesitando a lo largo de la vida esa misma combinación de factores: una estructura o marco de referencia en que apoyarnos y un objetivo al que dirigirnos. El bebé tiene que ir haciéndose a la primera versión de eso; y no es fácil, ni para el bebé ni para la madre. El bebé necesita que se lo sostenga en brazos en cuerpo y en mente. El gran pediatra inglés, y psiquiatra de niños, D. W. Winnicott, llamaba «preocupación materna primordial» a ese estado mental en el que necesariamente se halla la madre durante los primeros días y semanas de la vida del niño. La madre tiene al niño constantemente en mente. El bebé necesita que sea así. Necesita que la madre esté pensando en él, esforzándose por comprenderlo, con la mente fija en él. La madre tiene que pensar por él hasta que él mismo pueda hacerlo. Hoy sabemos que los niños que han sido privados de esa atención primordial tienen después muchas dificultades para encajar bien en el mundo y hacerse personas responsables.

He aquí un ejemplo muy interesante de un bebé que desarrolló problemas por no tener debidamente satisfecha su necesidad de ser sostenido en cuerpo y en mente.

Cuando Ella contaba unas pocas semanas, la madre tuvo que acudir al especialista porque la niña estaba tan nerviosa y lloraba tanto que todo el mundo a su alrededor tenía miedo de que algo grave le estuviera pasando. Lloraba sobre todo de noche. Ni dormía ni dejaba dormir a su madre. Sus gritos daban miedo, y ni su madre ni nadie había oído nunca nada semejante. Ha-

bían llamado al médico varias veces y la habían recono-
cido a fondo en el hospital sin que hubieran podido encontrar ninguna causa física. La madre contaba todo esto
en un tono apagado y desesperado. Decía que creía que
no iba a poder seguir soportando esa situación mucho
más tiempo.

La madre siguió describiendo todos sus males, y
el profesional que la atendía empezó pronto a darse cuenta de que ella misma, la madre, tenía sus propios problemas. Era una madre soltera, se llevaba mal con su propia madre y tenía toda clase de dificultades con el padre
de la niña. A medida que el profesional escuchaba se iba
sintiendo abrumado ante la cantidad de problemas que
tenía esa madre.

Al mismo tiempo el profesional observaba a Ella.
Ésta yacía suelta sobre el regazo de la madre. Cuando lloraba un poco la madre le daba una toma del pecho, pero
la niña no llegaba a hacer una buena mamada. No hacía
el ciclo completo de mamar con un principio, un período sostenido y un final. La madre no la sostenía estre-
chamente contra ella y la niña se tenía que colgar del
pezón con la boca, ya que era demasiado pequeña para
saber agarrarse con las manos y empujarse con los pies.
Toda su fuerza se le iba en tratar de sostenerse con la
boca. Con frecuencia la boca se escurría del pezón y tenía que volver a empezar.

La madre terminó de contar sus desgracias. Todo lo que el profesional pudo hacer fue simplemente asentir sobre lo deprimida y, más que nada, lo preocupada que se sentía la mujer. Volvieron a hablar de Ella y comentaron que la niña parecía muy asustada. La madre se sintió aliviada al oír que la niña podría estar desconcertada y asustada —es decir, que el trastorno podría ser de naturaleza emocional— en vez de estar enferma. Era evidente que la madre estaba tan inmersa en las preocupaciones que le daban sus propios problemas, realmente importantes, que no había podido detenerse a pensar en las preocupaciones de la niña. La madre se marchó con una cita para la semana siguiente, y fue el profesional quien se quedó con sentimiento de ansiedad y depresión.

A pesar de aquello, a la semana siguiente la madre informó que la niña había mejorado muchísimo, que dormía y se comportaba en general con mucha mayor tranquilidad. La madre había pensado mucho en la conversación que habían tenido la semana anterior y ella misma había tenido una idea que, según creía, era la clave de la mejoría. Dándole vueltas a la cosa en su cabeza se acordó de lo que había oído una vez acerca de la atención que necesitaban recibir los bebés. Entonces se dio cuenta de que ni siquiera miraba a la niña mientras le daba de mamar. Desde ese momento decidió cambiar y tener su mirada puesta en la niña mientras ésta mamaba.

El resultado fue que de modo muy claro la niña se fue sintiendo mejor.

Se puede decir que la niña dejó de estar sola con sus sensaciones. Empezó a sentirse acompañada de una mente pensante. Se sintió arropada y objeto de atención, y todo empezó a tener más sentido para ella. La madre siguió el consejo de apretar a la niña firmemente contra ella de vez en cuando, cosa que a los bebés les gusta. Con todo eso la situación cambió y la niña empezó a tomar el pecho mucho más cómodamente.

¿Cuáles fueron los factores que produjeron el cambio? ¿Dónde estaba el origen del sufrimiento de la niña y cómo se pudo aliviar ese sufrimiento? Ya se sabe que todos los recién nacidos lloran y que algunos lloran mucho, pero en lo que quiero insistir es en que el llanto es, esencialmente, un acto de comunicación. A esta niña se la había dejado en la situación desesperada del que lanza frenéticas llamadas urgentes de socorro que no llegan a ninguna parte. Era como si estuviera gritando: «¡Socorro, tengo miedo, socorro!, ¿hay alguien ahí?» y no hubiera respuesta.

Claro está que la madre *estaba* ahí. Pero no era capaz de mirar a la niña, de pensar en ella, de comprender qué era lo que la estaba afectando. ¿Y por qué no era capaz? Probablemente porque ella misma se sentía tan sola, tan carente de apoyo, tan abandonada que era incapaz de ocuparse de los sentimientos del bebé. De hecho, éstos la abrumaban. No se sentía en absoluto como un adulto capaz sino como una niña asustada a la que se le ha dado una responsabilidad que es demasiado grande para ella.

El cambio se produjo cuando la madre encontró a alguien que se ocupaba de *ella*. Desde el momento en que se halló ante alguien que no se limitaba a oírla sino que la escuchaba con emoción y simpatía y mostraba interés por la situación desesperada en que se hallaba, se sintió comprendida. El simple hecho de sentirse un poco comprendida la hizo sentirse mejor. Con eso consiguió tener suficiente ánimo para comprender al bebé. Cuando pudo empezar a tener a la niña en su mente y a reflexionar sobre ella, le vino una idea brillante, tan brillante que era exactamente lo que la niña necesitaba. Lo que hizo entonces la madre sintonizó perfectamente con lo que la niña estaba necesitando.

Este ejemplo nos muestra varias cosas importantes. La primera es que las madres que están criando un bebé necesitan que alguien se ocupe de ellas. La segunda es que, si el sufrimiento del bebé resulta demasiado agobiante para la persona que lo cría, ésta deja de responder positivamente. La madre del ejemplo anterior se sentía tan agobiada que le resultaba demasiado arduo ocuparse del bebé, hasta que llegó alguien que comprendió que ella misma, la madre, se sentía como un bebé necesitado. Compárese éste con el ejemplo del apartado anterior, el del bebé de nombre John, en el que el padre y la madre pudieron darse apoyo mutuamente de modo que, cuando el uno se sentía asustado o incapaz, el otro se daba cuenta, y podían así actuar juntos como adultos con sentido común.

En la última historia, la de la niña llamada Ella, hemos visto que se establece un contacto emocional íntimo entre los padres y el recién nacido. En este período tan vulnerable, los padres han de estar muy atentos a la influencia que sus mentes ejercen sobre el bebé y a la que éste ejerce sobre sus mentes. La comunicación entre bebé y madre (o padre) es una comunicación no verbal pero muy intensa. Una vez que la madre de Ella se abrió a la comunicación con la niña, ésta no tenía necesidad de decir con palabras «¡mírame!» para que su llamada fuera comprendida.

Lavar al bebé

Dije antes que hablaría de las cosas que son básicas para el recién nacido, y desde luego una de ellas es la de tenerlo limpio. El cuidado físico del recién nacido es un trabajo bastante ímprobo. El pequeño bebé ensucia un montón de pañales, necesita un baño o un buen lavado todos los días, y hay que estar todo el tiempo limpiándole la baba, las lágrimas, la nariz o el vómito. La colada se convierte en una de las cosas más importantes que hacer. Los padres se esfuerzan sin cesar en tener al niño limpio y reluciente, ya que a nadie le gustan los niños con aspecto sucio y descuidado.

Hay razones higiénicas importantes para tener al niño limpio, entre otras evitar que se produzcan irritaciones e infecciones de la piel; pero hay también razones psicológicas muy importantes, ya que en el bebé no hay gran distancia entre la mente y el cuerpo. Aliviar las molestias y el dolor físico es también un alivio mental.

El bebé necesita que le lavemos el cuerpo y también que le lavemos la mente. Con esto quiero decir que, del mismo modo que se desembaraza de la orina y de las heces, el bebé se desembaraza de infelicidad. Un bebé que llora está expresando su dolor y su infortunio, lanzándolos al viento, y necesita —como Ella— que alguien reciba ese dolor. Como dije antes, el llanto del bebé es comunicación, tiene su significado, y necesita de un adulto que esté en un estado mental que le permita comprender lo que ese llanto significa.

Volvamos a Ella, que hacía lo que todos los bebés hacen a ratos: llorar para librarse del pánico primitivo. Normalmente, la madre o el padre están ahí para aliviar el miedo. Enjugar las lágrimas, dar una toma de alimento para calmar los retortijones del hambre, retirar un pañal sucio, son actos que pertenecen a los cuidados físicos pero que, al mismo tiempo, satisfacen grandes necesidades emocionales. El saber que se puede contar con ayuda, que el dolor puede ser compartido, es lo contrario a ser dejado solo a las propias fuerzas. Lo que todo esto quiere decir es que existe la posibilidad de aliviar el dolor, tanto el dolor mental como el físico.

En todos estos actos los padres han de estar implicados emocionalmente. Existe suficiente evidencia de que en la vida diaria todos tendemos a desentendernos de esa exhalación de ansiedad primitiva propia del bebé. Pensemos, por ejemplo, en lo insoportable que le resulta a la gente oír el llanto de un bebé en un supermercado. Felizmente, los padres suelen disponer de tiempo para ocuparse del bebé, y ello les procura gran satisfacción y felicidad cuando el bebé se está criando bien.

El lector podría pensar que estoy cargando las tintas cuando insisto en la lucha que significa la crianza del bebé. Sé que muchísima gente supera sin dificultad las diversas etapas de la vida de sus niños; pero mi opinión es que para la mayoría de las personas, incluso las tranquilas, felices y bien equilibradas, las primeras semanas de la crianza del niño están llenas de tensiones. Aquellos para los que todo va como sobre ruedas no se sentirán motivados para coger este libro: se las arreglarán sin él.

Alimentar al bebé

La comida, tercer elemento de mi trío esencial, proporciona el mayor de los placeres cuando todo va bien. Constituye el quehacer central en la vida del bebé. Representa la experiencia básica del recibir, experiencia sobre la que se basarán después las otras formas de recibir. Con la leche el bebé toma bastante más que simplemente un alimento. Toma amor y toma saber. El bebé crece mentalmente al mismo tiempo que corporalmente. Cuando se piensa en términos materiales en lo importante que es el alimento para la vida, hay que pensar también en la importancia psicológica que tiene la experiencia de alimentarse.

Pensemos en el enorme número de tomas de alimento que hace un bebé, y cómo van variando. Con ellas el bebé empieza a aprender acerca de sí mismo y acerca de los demás. Al mamar, el bebé está teniendo con la madre una relación muy íntima (que en los primeros días es además muy intensa) y simultáneamente se va despertando en él una serie de emociones. Todo empieza por el hecho de que el bebé siente una necesidad. Entonces, al responder a la excitación del pezón y ponerse a mamar, el bebé tiene su primera experiencia de un deseo que es satisfecho. Después se irán sucediendo muchas variantes sutiles de esa experiencia básica primera.

Miremos al pequeño George, de pocas semanas de edad, tercer hijo de la familia, y veamos cómo transcurrió un día en torno a sus tomas de alimento. Hacia las seis menos cuarto de la mañana el niño se despertó lenta y reposadamente tras horas de buen dormir, en su cuna junto a la cama de su madre. Mientras los demás dormían aún, la madre lo cambió con mucho cuidado y le dio el pecho. Sus pechos estaban hasta reventar de leche mientras que el estómago del niño estaba vacío. En tranquila intimidad con su madre, el niño mamó abundantemente.

El espacio de tiempo hasta la toma siguiente fue menos tranquilo, por el alboroto que armaban los hermanos y porque había que poner al niño en el cochecito para ir a llevar a los hermanos a la escuela. Al volver a casa el bebé tenía el pañal empapado y la madre lo bañó. Para cuando estuvo listo de nuevo para el pecho, la rutina del niño se había visto tan alterada (primero se le había hecho esperar y luego se lo había tratado con prisa), que el niño lloraba y no se concentraba en el pecho. Primero le lanzó miradas aviesas, luego probó un poco, continuó un ratito pero sin llegar a mamar mucho y se quedó dormido al segundo pecho.

Cuando despertó, tras un sueño reparador, le esperaba otra experiencia nueva: la madre estaba con ganas de hablarle y de jugar con él mientras se disponía a darle el pecho. Entonces llegó una amiga que se puso a admirarlo y a comentar acerca de él, pero llegó una tercera persona y eso cambió el ambiente. Se alteró el ritmo de mamar.

Por la tarde la madre estaba otra vez con prisas para ir a recoger a los otros niños a la escuela, y George se puso de nuevo inquieto e irritable. A la vuelta la madre trató varias veces de darle de mamar un poquito para calmarlo y consolarlo, pero sin gran resultado. No podía ocuparse de él solo todo lo que habría sido necesario, y eso la hizo sentirse mal. Al final del día se encontró con poca leche en los pechos. Paseó al niño en los brazos de un lado para otro y acabó pasándolo a los brazos del padre, pero el niño no se tranquilizó hasta después de la toma del final de la tarde, cuando la madre, todavía cansada pero reconfortada y calmada, mientras el padre acostaba a los otros niños, se pudo dedicar a George, cogerlo en brazos y darle una larga toma, con más abrazo que leche.

Vemos ahí que George tuvo una gran diversidad de experiencias. Todas tuvieron una cosa en común: la presencia de la madre. No cabe la menor duda de que en esas primeras etapas de la vida del niño la presencia y atención de la persona que lo cría constituye la base para su buen desarrollo. Los padres y en general la familia alimentan al bebé con algo que es más que solamente leche. Su afecto, su admiración, su amor lo invaden realmente y crean en él el sentimiento de ser una persona valiosa, una persona que inspira amor y que da amor. Esto es algo de inmensa importancia, por más que en las circunstancias ordinarias lo tomemos como cosa natural y ni siquiera nos paremos a pensar en ello. Habrá muchas veces en las que el bebé se sentirá triste y malhumorado y entonces tendrá que acudir a sus reservas de satisfacción y esperanza, las cuales son repuestas constantemente gracias a las tomas de alimento.

Algunas preguntas: ¿pecho o biberón?, ¿tomas a horas fijas o cuando el bebé lo pida?

Éstas son preguntas que cobran mucha importancia en las primeras semanas de la vida del niño. Veamos la primera: ¿qué es mejor para el bebé, darle el pecho o darle biberón?

Esta pregunta, como tantas otras referentes a la crianza, no tiene una respuesta simple y definitiva. La respuesta ha de ser del tipo de «bueno, depende». Digamos para empezar que los dos, tanto el pecho como el biberón, pueden ser buenos para darle al niño un buen comienzo en la vida. Sobre eso no hay ninguna duda.

La decisión de la madre, o de los padres, dependerá de muchos factores, uno de los cuales, y no el menos importante, es el de cómo se siente la madre amamantando. Durante los primeros días muchas madres se sienten inseguras, confían poco en que lo puedan hacer bien. Se preguntan si está bien la leche, si tienen bastante, por qué llora el niño. Todo lo que necesitan es un poco de aliento y apoyo. Desde luego que se producen menos ansiedades si se ve fluir la leche desde el biberón hasta el niño. También es cierto que muchas madres se alegran más tarde de haber perseverado con el pecho y de haber superado la ansiedad de las dos o tres primeras semanas. Si la mujer está indecisa, si cuando nace el bebé la mujer no se ha decidido todavía por el pecho o por el biberón, lo mejor será que le dé al niño y se dé a sí misma una oportunidad con el pecho. Como ya he dicho antes, es más fácil amamantar a unos niños que a otros.

Si el niño puede ser amamantado razonablemente bien, la madre siente enseguida gran confianza en sí misma. Una ventaja de dar el pecho es que esto afianza la relación entre el niño y la madre. Si el niño va a ser criado con biberón, al principio el biberón se lo debe dar solamente la madre. Está bien, es divertido y práctico que otras personas participen en dar el biberón, pero al principio esto puede confundir al bebé y es mejor que primero el bebé aprenda a conocer a una persona. Ya tendrá tiempo después, tras algunas semanas, de conocer a otras. Esas primeras tomas de alimento dan lugar a que se establezca un afecto profundo, que será la base para que luego se formen otros afectos.

¿Horas fijas o a petición del niño?

También ésta es una cuestión personal, y la respuesta varía de una familia a otra. En la práctica suele ocurrir que al niño recién nacido hay que darle un margen muy amplio. Somos nosotros los que hemos de ajustarnos a él. Las madres se dan cuenta de que durante las primeras seis semanas —más o menos— tienen que dejar de pensar en cualquier tarea que no sea ocuparse del bebé y tienen que estar a entera disposición de éste.

Después, gradualmente, la díada de crianza (bebé y madre) va integrándose al mundo. Llega un momento en que el bebé necesita apoyarse en el marco de referencia de un día más ordenado, en el que la noche es para dormir, y en el que hay horas para el desayuno, la comida, la merienda, etc. Ya ha pasado la moda del horario rígido, y ahora los padres piensan que ni es lógico ni es agradable para el niño forzarlo a comer a horas fijas. Sin embargo, la flexibilidad debe ir combinada con un sentimiento general de orden. Si no, el día entero se va al traste y ni los padres ni el niño saben dónde están. Muchos padres dicen que el segundo niño se adapta bien al horario que establecieron para el primero, pero el primer horario tiene que inventárselo cada uno.

Se puede decir que las primeras semanas de la vida del niño son como un emocionante viaje de descubrimientos. El bebé está descubriendo cosas del mundo, del mundo exterior: el mundo de los otros, el mundo de las voces de los padres, de las miradas, del tacto y de los olores, el mundo de la leche y del contacto mental. Al mismo tiempo, el bebé está descubriendo cosas de sí mismo, de un mundo interior de sensaciones y de sentimientos, y está descubriendo también cómo su mundo interior se relaciona con el mundo exterior o de los demás.

CAPÍTULO TERCERO

EL BEBÉ CRECIDO

Hemos empleado mucho tiempo en hablar de las primeras semanas: esas semanas que parecen durar una eternidad y que luego resulta que se han pasado en un abrir y cerrar de ojos. Ahora nos vamos a dedicar a los meses en la mitad del primer año. Primero echaremos un vistazo a cómo es el niño de tres meses. Después vendrán otras secciones que tratarán de cómo se realiza el desarrollo mental del bebé al mismo tiempo que tiene lugar su desarrollo físico y su avance en lo social.

Los tres meses

Para muchos padres la edad de tres meses es un punto clave en el desarrollo del niño. Los padres tienen la sensación, algo triunfalista, de que a esa edad el niño ha salido de las aguas turbulentas de las primeras semanas y está entrando en aguas más tranquilas. En cierto sentido, el bebé de esta edad es ya una persona mucho más real.

¿Qué quiere decir eso desde el punto de vista del bebé mismo? Sus experiencias son ya mucho más concretas. Dos cosas muy importantes han ocurrido. La primera es que su autoconciencia empieza a definirse, como lo demuestra el deleite que expresa al reconocer a otras personas que ama. Momentos de reconocimiento existen desde el principio: a veces el niño recién nacido se vuelve en la dirección de la voz de la madre como si la reconociera por haberla oído cuando estaba dentro del vientre; pero ahora aquellos acontecimientos fugaces se han hecho más constantes. La memoria es ya importante. Se está formando la mente. Ya no tiene que hacer un esfuerzo para centrar la mirada ni para centrar la mente. Coge las cosas con las manos y con el pensamiento. Estira la mano intencionadamente para coger.

La segunda cosa muy importante es que el bebé es ya capaz de distinguir con mucha más seguridad que antes entre cosas que le gustan y cosas que no le gustan. También eso es algo que empezó desde el nacimiento: está claro que siempre le gustó la leche calentita y que nunca le gustaron los retortijones de tripa; pero la diferencia está en que ahora él sabe que le gusta lo uno y no le gusta lo otro. Si consideramos la sonrisa, vemos cómo ha evolucionado ésta desde aquellos esbozos de media sonrisa de los primeros tiempos a la amplia sonrisa de placer de ahora, a los tres meses, con la que el bebé acoge a la madre o al padre.

Como dije antes, voy a hablar de aspectos del desarrollo del bebé que empiezan antes de los tres meses y siguen avanzando después de esa edad, pero que cobran interés y se hacen fácilmente observables en los meses centrales del primer año.

El nacimiento del amor
y de la confianza

Desde el principio la vida nos ofrece una mezcla de cosas buenas y cosas malas, de cosas agradables y cosas desagradables. La esencia de nuestro carácter se fragua en la infancia. Los sentimientos que tenemos dentro de nosotros, que nos hacen reaccionar de una manera o de otra a lo que la vida nos trae, están condicionados por aquellas buenas experiencias de cuando éramos bebés, que nos dejaban satisfechos.

Nadie puede tener solamente buenas experiencias, pero cuando se es bebé es muy importante que las experiencias buenas sean más numerosas que las malas, y eso es precisamente lo que suele ocurrir en una crianza normal. Cuando llora, el bebé puede confiar en que los padres acudirán a consolarlo; cuando tiene hambre, puede confiar en que le llegará el alimento. Así, en el bebé prepondera el optimismo. Por eso, el que de vez en cuando los padres no lo oigan llorar o que coma de más y se agrave una pequeña indigestión son cosas que el bebé aprende a tolerar. Miles de pequeñas experiencias han creado en él la idea de esperanza y de confianza. Los pies que se quedan fríos son abrigados, las nalgas que se irritan son cubiertas de crema, la soledad se esfuma, el miedo desaparece. El bebé acaba sintiéndose bien.

Además, esas sensaciones buenas —de ser un bebé feliz que se siente dichoso de ver a sus papás— son fuertemente reforzadas por éstos. Su unión emocional con los padres (que constituye el prototipo de todas las futuras uniones emocionales) es reforzada y recompensada con tanta frecuencia que el bebé desarrolla una confianza en esa unión.

Aprender a dominar el enfado

No sería un placer estar viendo al bebé todo el santo día sin interrupción, y es cierto que el bebé no siempre quiere vernos. Con frecuencia los niños se ven poseídos por fuertes sentimientos de rechazo que les brotan de dentro. Cuando George, del que hablé más arriba, estaba enfadado no quería mirar al pecho de su madre. Para él el pecho había sido malo. Cuando a una abuela toda ilusionada con su nuevo nieto le pusieron a éste en sus brazos, el bebé la miró con expresión tan aviesa que la pobre mujer exclamó: «¡Por Dios, que no soy ningún ogro!». Todos conservamos cierta propensión a ver las cosas de distinto color según como nos sintamos con respecto a ellas. El bebé aprende a hacer sus correcciones comparando lo que siente con la realidad, con lo que recuerda. Por eso, de momento la abuela *es* un ogro, el bebé se siente aterrorizado y hay que devolverlo al consuelo de los brazos de su madre.

A veces ocurre que el bebé, que está molesto por algo, siente hacia nosotros rabia, o miedo o rechazo, y eso lo soportamos difícilmente. Sin embargo, no hemos de perder de vista la realidad y hemos de reconocer que esos sentimientos violentos del bebé no son realistas, y podemos decirle al bebé algo así como: «¿No somos muy amigos ahora, verdad?». A veces parece que el bebé nos reprocha algo, como si nosotros fuéramos la causa de su desgracia, y es que en realidad nosotros somos su mundo entero y todo lo que ocurre es como si viniera de nosotros. Si somos capaces de ver con mirada tolerante esos sentimientos del bebé, éste podrá superarlos al ir creciendo sin que tenga necesidad de creer que esos sentimientos suyos son demasiado peligrosos y nos pueden dañar.

Por otra parte, nadie es perfecto y aun mirando las cosas con optimismo sería un error hacerle creer al niño que la vida está libre de conflictos. Es una equivocación creer que vamos a poder ahorrarle al bebé todo dolor y toda molestia. En cierto sentido nos gustaría poder hacerlo. A veces es terrible darnos cuenta de que no podemos librar al bebé de la dura realidad. Y, por supuesto, si el bebé recibe demasiados golpes, su desarrollo puede verse afectado. Al mismo tiempo, si nos precipitamos demasiado y ahorramos al bebé hasta la más mínima frustración o la más mínima ansiedad, lo privamos de la oportunidad de ejercitar sus habilidades para superar por sí mismo al menos algo de su fastidio.

Una parte del arte de criar al niño está en lograr que vaya aprendiendo gradualmente a tolerar cosas. Ya desde el principio el bebé aprende a ser una persona separada que en su día habrá de contar con sus propios recursos y solucionar por sí mismo sus problemas. El bebé que nunca tiene que esperar ni un instante, que no se queda nunca solo, se ve privado de la oportunidad de ejercitar sus emociones y su mente. Es cuestión de mantener un equilibrio entre darle todo hecho y dejarlo abandonado a sus propias fuerzas.

Otras dificultades: problemas con la comida y con el sueño; unión mental con los padres

Forzosamente habrá discusiones entre la madre y el padre acerca de la manera de criar al bebé. Cada niño que nace necesita su propia manera de ser criado, según sus necesidades y su carácter y según el carácter de cada uno de sus padres, de sus deseos, de sus ideas y de las circunstancias de sus vidas.

Existe toda clase de fuentes de información a disposición de la gente a las que se puede recurrir para saber lo que se tiene que hacer si el bebé no duerme o no quiere comer o le pasa una de las mil cosas que le pueden ocurrir. Este libro no pretende dar a los padres consejos prácticos como los que los padres se dan unos a otros o los que obtienen de los abuelos, de los familiares, de los amigos, de las enfermeras visitadoras y de otros profesionales. Lo que pretende es ayudar a pensar y a descubrir el significado de lo que ocurre.

Los padres van aprendiendo con su propia experiencia lo que tienen que hacer si el bebé tiene problemas con el sueño o con la comida. Lo que yo quiero hacer aquí es llevar a la mente de los padres la idea de que esos problemas están condicionados por la forma en que el bebé siente. Lo que le pasa al bebé que no puede dormirse o que se despierta cada dos por tres es que tiene temor a quedarse solo consigo mismo, tiene temor a que al abandonarse al sueño lo dejen solo y lo dejen además a merced de su mundo imaginario y a merced de sus sueños. Cosas como la falta de comodidad, el hambre, el frío, el exceso de calor, el ruido, etc. ponen al bebé en un estado mental que le impide descansar. La buena temperatura, la suavidad del lecho, la seguridad, incluso un pulgar para chupar, son cosas que traen a la mente del bebé los buenos cuidados de la madre y de las demás personas que lo crían. Si predomina en el bebé un estado mental de inquietud que se hace demasiado persistente, es inevitable que la ansiedad del bebé se contagie a los padres. En realidad ese contagio de la preocupación no es sino una forma de comunicación en la que el bebé está diciendo «estoy preocupado». Entonces los padres le prestan al bebé el servicio de preocuparse por él hasta que el bebé pueda hacerlo por sí mismo.

Si persiste la ansiedad del bebé, causante de los problemas con el sueño y con la comida, ésta no sólo provoca ansiedad en los padres sino que las dos ansiedades se mezclan y se confunden. Se suele proteger a los bebés manteniéndolos libres de las preocupaciones de la familia; y hasta es común que la madre o el padre recurran al bebé en busca de consuelo, ya que en él ven esperanza, vida, optimismo. Pero cuando la ansiedad de los padres llega a afectar al bebé, lo acusa con signos crecientes de malestar.

Pauline hubo de ser destetada y tuvieron que darle el biberón porque la madre se estaba quedando sin leche. Con eso la niña cogió una pequeña infección intestinal que le produjo diarrea y vómitos. Tras la recuperación se quedó extraordinariamente melindrosa y empezó a despertarse y llorar a todas horas. Los padres eran muy jóvenes e inexpertos y lo que pudo haber sido simplemente una crisis se convirtió en una situación que fue de mal en peor. Parece comprensible que la falta del pecho, el cambio al biberón y luego esa inoportuna infección se combinaran para hacer que la niña perdiera confianza en la bondad de las cosas. Fue necesario tranquilizarla haciéndole sentir que un papá y una mamá amorosos estaban allí constantemente a su lado y no la iban a dejar abandonada a su soledad y a merced de esos malos retortijones de tripas. En iguales circunstancias, un bebé suele recuperarse en unos días o semanas, pero no así Pauline.

¿Por qué en vez de mejorar fue aumentando la desesperación de Pauline? En su caso resultó de importancia crucial el hecho de que la mamá de Pauline (Margaret) se había quedado huérfana en su adolescencia, unos pocos años atrás, y con eso se había visto privada de lo que es el desarrollo normal de una adolescente: ni había tenido oportunidad de rebelarse contra su madre ni había podido contar con su apoyo. Margaret se vio muy afectada por la disminución de la leche en sus pechos y por el insomnio, la desgana y los llantos del bebé. Empezó a sentir que no era buena madre y que tampoco el bebé era una niña buena. Los llantos de Pauline se le antojaban reproches. Ni era capaz de calmar a Pauline ni de calmarse a sí misma. El joven marido no sabía qué hacer ante la aflicción de la mujer. Afortunadamente, encontraron ayuda en una antigua amiga de la madre de Margaret. Margaret se sintió impelida a ir a verla para hablar de su madre, para lamentarse y compartir la tristeza de que su madre no estuviera con ella. Sentía como si parte de su propia tristeza e inseguridad hubiera pasado a su hija Pauline, sumándose al trastorno que ésta ya tuviera. En realidad Margaret estaba no sólo entristecida sino también resentida con su madre por haberla dejado sola al morirse. Cuando algunos de estos sentimientos salieron a la luz su tormenta interior empezó a amainar.

Es sorprendente con qué frecuencia ocurre eso, aunque de ordinario ocurra de manera menos perceptible. Las cosas que han pasado anteriormente en la vida de los padres se vuelven a revivir. Es como si al tener hijos (sobre todo el primero) sintiéramos la necesidad de reevaluar los acontecimientos pasados. Es seguro que cosas que nos ocurrieron en nuestra primera infancia, en nuestra niñez y en nuestra época de adolescentes influyen mucho en la clase de padres que somos y en las fuerzas que ponemos en juego al ejercer nuestra función de padres. Vemos que Margaret, la madre de la niña Pauline, era incapaz de poner fin al temor que tenía la niña a que la dejaran sola y abandonada a su infortunio, y era incapaz de hacerlo porque el profundo malestar de la niña reavivaba sus propios problemas aún no resueltos. Pero también el episodio hizo que Margaret sacara sus fuerzas dormidas y tuviera intuitivamente el suficiente buen sentido de recurrir a la persona más idónea –la amiga de su madre muerta– y consiguiera así la ayuda que necesitaba.

Resumiendo todo esto en dos palabras diré que, así como el estado mental del bebé influye en los padres, también el estado mental de los padres influye en el bebé.

Relaciones emocionales

Ya he dicho más arriba que el nacimiento de un niño viene a cambiar las cosas para todos los miembros de la familia. Hemos visto en el ejemplo anterior de qué modo tan dramático se vio la madre de Pauline envuelta en un torbellino emocional; y cosas así no son raras, aun sin que medie duelo o acontecimiento triste alguno.

Hacia la mitad del primer año del niño todo el mundo en la familia empieza a asumir una identidad ligeramente nueva. A los ojos del bebé todo el mundo en la familia empieza a ser interesante y a adquirir máxima importancia. Es curioso lo pronto que el bebé empieza a sentir que existe una diferencia entre padre y madre, que se trata de dos personas separadas y diferentes. Con frecuencia oímos cosas como «siempre hace así cuando soy yo quien lo tiene, y no lo hace nunca cuando quien lo tiene es su madre». A medida que va pasando el primer año vemos que el niño va estableciendo relaciones muy rápidamente, cada una de distinta calidad: con la madre, con el padre, con la niñera, con las abuelas, con los abuelos, con los hermanos y con las hermanas. Cada una de esas personas añade algo importante al conocimiento que el bebé va teniendo del mundo.

Quiero detenerme aquí un poco para decir algo sobre lo que significan para el bebé sus hermanos (hermanos y hermanas). El bebé recién llegado siempre despierta en sus hermanos *sentimientos encontrados* (sentimientos de signo opuesto que luchan entre sí): el hermanito mayor que está muy celoso del bebé es también capaz de tener con éste un comportamiento cálido y generoso, y el hermanito que se desvive por ayudar al bebé alberga dentro el sentimiento natural e inevitable de haber sido desplazado. Durante este primer año el bebé se desarrolla tanto que hace que las cosas cambien también para su hermanito mayor.

Por ejemplo Emily, con tres años y medio, empezó siendo una hermanita perfecta para Sam. Era una niña alegre y lista, que se expresaba muy bien, y se dedicó con entusiasmo a ayudar a mamá. Había disfrutado mucho con los preparativos antes del nacimiento de Sam: la bonita cuna, las ropitas que estaban guardadas y a las que se añadieron otras nuevas, y el instalarla a ella en una bonita habitación para ella sola. Le gustaba enseñar a Sam a las visitas e imitaba en todo a su mamá. Todo fue divinamente mientras Sam (un bebé tranquilo) no hizo sino dormir casi todo el tiempo; pero cuando el bebé creció y empezó a interferir en la vida de Emily, ésta no pudo evitar verlo como un rival. Los padres notaron que sus abrazos se hicieron menos cariñosos. La imagen de «perfecta madrecita» se empezó a resquebrajar y se hizo evidente que debajo de ella estaba la Emily real, que no hacía aún tanto que había dejado de ser bebé ella misma: la de una niña que no quería atender a razones, trastornada, enfadada por haber sido desplazada. Por muy desagradable que sea el antagonismo entre hermanos, a largo plazo fue probablemente algo bueno el que Emily sacara a la luz todos los aspectos de su carácter. Es muy importante recordar que los buenos impulsos son tan reales como sus contrarios. Emily quería de verdad ser una niña buena y comportarse como una niña mayor, pero tenía que luchar con otros sentimientos difíciles de aceptar.

Enfrente vivía Hannah, que también tenía tres años y también tenía un nuevo hermanito, llamado David. Esta niña era muy diferente de la anterior. Estuvo llorona y pegada a la madre durante el embarazo de ésta, convencida de que nadie la quería. A veces no se portaba bien con David. Los padres tenían que contenerse para no estar regañándola todo el tiempo. David era un bebé muy exigente, y Hannah estaba alicaída y lloricona y no quería hacer nada. Sin embargo, en contraste con Emily, Hannah se fue portando mejor con David a medida que éste crecía. Era como si se sintiera tranquilizada por ese poder especial que tienen los bebés y que a todos nos tranquiliza, que es el poder de crecer y desarrollarse. Por lo demás se sentía tranquila al ver que sus quejas, celos y enfados no habían perjudicado al bebé. Por su parte, David mostraba por Hannah ese interés y afecto que todos los bebés muestran por sus hermanos mayores. Esto ayudó mucho a Hannah.

En las dos familias quedaba claro que el bebé estaba contribuyendo por su parte a modificar las relaciones entre los miembros de la familia. Sam tenía una personalidad abierta y enérgica. No deseaba ser tratado como un muñeco. Luchó por alcanzar una relación de reciprocidad con su hermana. Las cosas podrían haber ido por caminos muy diferentes si Sam hubiera tendido a ser pasivo y flexible. Es posible que en tal caso Emily habría seguido mandando y que al final esto no habría sido bueno ni para ella ni para él. Un bebé demasiado sumiso y un hermano o hermana mayor a quien el bebé deja que lo mangonee no constituyen a la larga una buena relación. Si Sam se hubiera sometido a ella, Emily podría haber seguido siendo la madrecita y habría terminado haciéndose orgullosa, con lo cual los dos habrían salido perdiendo. Sam no habría podido desarrollar su capacidad de decisión y su personalidad, y Emily habría seguido sin conocerse a sí misma. Ver que se estaba portando como una niña difícil resultaba doloroso para ella y entristecedor para sus padres, que la habían tenido por una niña maravillosa. Al final se llegó a una buena relación entre todos, en la que cada uno daba y recibía del otro. Emily llegó a amar a Sam como la persona que realmente era y no como la persona ficticia de un pequeño bebé, y Sam descubrió que Emily era encantadora y llegó a admirarla enormemente sin por ello abdicar de sus derechos.

En el caso de Hannah y David, el gran interés que David sentía por Hannah fue también el punto fuerte de la relación y lo que finalmente acabó por convencer a Hannah de que en realidad la situación no era tan mala. David la miraba, le sonreía y empezó a imitarla en cuanto pudo. En vez de envidia, Hannah empezó a sentir orgullo cuando la gente decía que el bebé era muy bonito. Fue viendo claro que papá y mamá tenían capacidad para querer a los dos. Tanto Hannah como David se dieron cuenta de eso y, aunque su relación mutua continuó siendo de cierta rivalidad, sentían también un gran apego el uno por el otro, que tal vez no se hubiera dado si David no hubiera empezado por ser la clase de bebé que era, capaz de perseverar en su afición por Hannah.

Los bebés ejercen su propio poder. Eso se vio bien claro en una familia en la que el tercer bebé venido a ella fue un bebé adoptado. La pareja pensó que, siendo como eran un matrimonio mixto de dos razas, su situación era ideal para adoptar a un niño también de raza mixta. Tenían ya dos hijos propios, Robert y Jenny, cuando adoptaron a Susan, que tenía entonces seis meses. Adoraban a los bebés y estaban orgullosos de saber ocuparse de ellos muy bien. Eso, más la experiencia que ya tenían y la profesión de ella (enfermera puericultora), hacía augurar que la cosa saldría a las mil maravillas. Sin embargo, Susan no era Robert ni Jenny, que habían sido ambos bebés bastante tranquilos (por ejemplo, desde la edad de seis meses ambos solían dormir toda la noche, a menos que estuvieran malos o molestos por algo). Susan no era igual. Era un bebé que sufría. Había estado con su madre biológica las primeras semanas; después había estado con una madre adoptiva a la que había quedado muy unida; así es que cuando tuvo que cambiar otra vez y todo su mundo se alteró de nuevo de modo inexplicable para ella, le entró el pánico. Ese pánico se lo pasó a la familia. Los padres adoptivos reaccionaron experimentando el pánico a su manera, con ideas como «¿habremos cometido una terrible equivocación?» o «¿es éste el niño que nos convenía?» o «¿seremos capaces de seguir adelante?». Esas ideas removieron ansiedades que yacían en la profundidad, acerca de no estar del todo a la altura como padres o de ser incapaces de soportar el dolor de los tres niños, ya que Robert y Jenny también empezaron a sufrir. Robert tenía cinco años y Jenny tres. Robert se había visto afectado cuando Jenny nació. Había sentido un deseo muy grande de que no hubiera en la familia más bebé que él. Aunque se había hecho muy amigo de Jenny, le seguía quedando temor de que un bebé viniera a desplazarlo, por lo que una parte de él estaba preparada para no querer a Susan. Al ver que Susan lloraba día y noche, comía poco y a destiempo, trastornaba a los padres y se portaba en general como un bebé odioso, Robert se sentía defraudado en su generoso deseo, que también tenía, de aceptar a la recién llegada. Empezó a sentir rabia, remordimiento y mal humor, a no querer ir a la escuela y a buscar consuelo pegándose a los padres. También Jenny estaba asustada. Había esperado un bebé chiquitín y dulce, y llegó Susan con sus sentimientos de pérdida y de dolor y poco dispuesta a dedicar sonrisas o a hacer amistades. Nadie en la familia estaba preparado para una intrusión así.

Fue de gran alivio para todos el que los padres cayeran en la cuenta de que sí estaban a la altura de las circunstancias, de que lo que pasaba era solamente que la presión a la que estaban sometidos era muy fuerte. Éste es un buen ejemplo de un bebé sufriente que pone a toda la familia patas arriba. De forma menos marcada esto ocurre con frecuencia. Cuando los padres recuperan las riendas de la situación, los otros niños lo advierten y comprenden que podrán dirimir sus rivalidades y expresar sus afectos dentro de un marco de seguridad.

Resulta muy iluminador ver cómo los bebés escuchan a sus hermanos y hermanas mayores y reaccionan en consecuencia, obviamente aprendiendo de ellos y acerca de ellos. El bebé está entonces construyendo los cimientos para asentar su futura relación con la familia y su futura relación con sus compañeros de clase, de grupo, de trabajo, de estudios, así como su futura relación con sus colegas y con sus amigos. De la misma manera que los hermanos mayores tienen que vencer un montón de emociones que sienten con respecto al nuevo bebé, éste tiene que dominar sus emociones con respecto a los mayores. Cada uno tiene que aprender a encontrar su lugar en la familia, tanto si es el primer bebé como si es el segundo o el sexto.

Protección y estímulo

El bebé siente enorme interés por sus hermanos y hermanas, así como por los abuelos, por la niñera y por los amigos de la familia. Esto nos lleva a plantearnos una pregunta importante: ¿cómo guardar un equilibrio entre proteger la tranquilidad del bebé y aportarle estímulos que lo animen a interesarse por el mundo?

Al principio el bebé necesita de una vida tranquila, de la que ir saliendo gradualmente. A esa edad es muy vulnerable, como un caracol fuera de su concha. La gente se da cuenta intuitivamente de esto y lo rodea de cosas blandas y templadas y lo protege de los ruidos. Cincuenta años atrás se solía dejar a los bebés solos en sus cunas o cochecitos entre toma y toma de alimento, que se daba a horas fijas. Después los padres comprendieron que ésa podía ser una existencia muy solitaria y muy poco estimulante; se produjo una reacción y el péndulo osciló en la dirección opuesta, y la gente vio toda emocionada la enorme capacidad que el pequeño bebé tiene para aprender, y se volcó en rodear al bebé de un entorno alegre, de colores vivos, con cosas bonitas que se mueven, con mucha acción.

Aun a riesgo de hacerme pesada quiero decir que también aquí, como en tantas otras cosas, hay que guardar un equilibrio y hay que observar con mucho cuidado qué es lo que cada niño en particular necesita. William era el tercer hijo. Su madre estaba ocupadísima con los otros dos pequeños (dos niñas) y con un empleo a tiempo parcial. Tenía una niñera que en su ausencia cuidaba de los tres niños y de otros dos niños más, con lo que William estaba en compañía no sólo de sus hermanas sino también de los otros dos niños. La madre de William tenía imaginación y habilidad manual, y tenía el lugar lleno de dibujos, adornos y juguetes hechos por ella misma. Pensaba que no era nunca demasiado pronto para estimular el interés de un niño. Sus dos niñas habían salido con mucha imaginación y eran niñas alegres, muy dispuestas a hacer cosas, a pintar, a escribir, a cantar.

Con todo eso la casa estaba llena y era ruidosa. William estuvo inquieto desde que nació. La madre solía decirle a la niñera: «Se aburre; ponlo con los demás». William no les quitaba ojo, pero siguió siendo nervioso e inquieto, como si rara vez se sintiera tranquilo y libre de ansiedad. Una persona que acudió a visitarlos lo vio cuando el niño tenía unos dos meses. Estaba en el suelo en una alfombra de alegres colores. Sus hermanitas y los otros dos niños saltaban alrededor, jugando a un juego la mar de agitado. La visita vio a William encogerse asustado cuando el pie de uno de los niños se posó casi encima de él. A continuación todos empezaron a cogerlo y, antes de que la niñera pudiera evitarlo, uno de los niños le gritó «¡buuu!» en el oído, lo que provocó los quejidos de William y una regañina a los niños. Toda una situación que no se puede decir que fuera muy pacífica.

Una semana más tarde la visita supo que William tenía dolores de oídos, y pensó para sí que no era sorprendente con todo ese ruido alrededor de él. Recordemos que en un bebé lo físico y lo mental están muy unidos, y se diría que William había soportado más de la cuenta y que había reaccionado sintiéndose mal. Juegos que eran apropiados para las hermanas no eran los ideales para William, en parte también a causa de los otros dos niños.

William necesitaba más protección adaptada a un bebé. No necesitaba ser integrado hasta ese punto en un grupo, como si fuera ya un niño mayor. En todo ese barullo se había roto el equilibrio, y, en vez de sentirse despierto y fascinado por lo que pasaba a su alrededor, William era sobreestimulado y acabó sintiéndose amenazado.

Habría que haber evitado que el niño aquel le gritara «¡buuu!»; así como es importante proteger al bebé cuando es aún demasiado pequeño y débil para protegerse él mismo, tampoco se le hace ningún bien al niño mayor permitiéndole asustar a un bebé. Es ésta una conducta intimidatoria parecida a la que tienen después los niños «matones» (abusones de los pequeños), y el «matón» paga luego un precio muy alto por su conducta porque acaba teniendo mala conciencia y sintiéndose miserable. Aunque seamos comprensivos con sus celos y con su impaciencia, hemos de ayudar al niño mayor a controlarse a sí mismo antes de que cause ningún daño al bebé.

El bebé necesita sentirse razonablemente seguro, seguro de estar en la mente de sus padres, seguro de que se cumplen las rutinas que se van estableciendo en la vida de la familia, seguro dentro de una estructura que incluye lo que él conoce y lo que él espera. A partir de esa base el bebé puede saltar a nuevas experiencias. Nos tranquiliza recordar que los bebés llevan dentro *su propio* impulso para desarrollarse, que *no todo* depende de nosotros. Nosotros suministramos el escenario y los objetos para llamar su atención, pero los bebés se dirigen a ellos por su propia iniciativa.

Salir al mundo

He dicho que los bebés van en busca de las cosas por su propia iniciativa, y de hecho eso es literalmente lo primero que hacen muchos de ellos en la primera etapa del juego. Los niños de alrededor de tres meses que alargan la mano y cogen el anillo de goma o el extremo de la manta, lo aprietan y se lo llevan a la cara, a los ojos y a la boca, lo miran y lo chupan, están dando el paso de comprender que ahí fuera existen cosas que no son ellos mismos. Jugando, el bebé ensaya modos de pensar acerca del mundo que lo rodea, para descubrir lo que significa y comprenderlo.

Reacción y sensibilidad

Desde el principio el bebé se siente atraído por los sonidos, las cosas que se pueden tocar y las cosas que se ven. Parece que una luz brillante o cualquier cosa clara y nítida a la que poder mirar se convierte para el bebé en un foco de atención no solamente para los ojos del cuerpo sino también para la mente. Los bebés más pequeños que miran fijamente a los colgantes móviles están recreando la vista en ellos y están además «recogiéndose» al centrar en algo sus procesos mentales. Unos colgantes que imitan manzanas y peras, tintineando en la brisa, están provocando ideas: ¿qué es el movimiento?, ¿qué es rojo, amarillo, brillo?

El primer objeto de interés y de atracción para el bebé es la gente; la madre y los que le dan de comer y lo cuidan, las personas cuyos cuerpos y caras, voces, gestos y mentes empieza a conocer. La gente sigue siendo la principal fuente de interés del bebé sano, pero éste pronto se interesa por más cosas. La madre de Ralph estaba segura de que éste tenía pasión por sus tomas de alimento. El bebé se concentraba intensamente en ellas, mamaba con deliberación y parecía que sentía gran placer en ello. Después, seguía en el regazo moviendo la boca y sonriendo. Un día la madre notó algo que le llamó la atención, y se dirigió hacia la cuna sin que Ralph la viera. El bebé estaba mirando atentamente a un grupo de hojas de un árbol que daba sombra a la cuna, a la vez que hacía con la boca movimientos de mamar. Era como si, al mirar a las hojas verdes bañadas en la luz del sol, estuviera sintiendo algo semejante a la experiencia placentera de mamar. Otra vez lo vio hacer lo mismo —prestar atención y hacer movimientos de mamar— mientras su tía tocaba el piano. De muchos pequeños ejemplos como ésos podemos colegir lo sensibles que son los bebés a experiencias sensuales que cautivan su atención y que, no cabe duda, los afectan profundamente. Los bebés aprecian la belleza.

Memoria y pensamiento

Esa historia de Ralph pensando en sus tomas, reviviendo las mismas sensaciones placenteras con la vista y con el oído al ver el árbol y al oír la música nos dice algo acerca del desarrollo de la memoria. En el bebé se desarrolla una mente que retiene ideas. Al principio nosotros tenemos que actuar como la memoria del bebé y tenemos que pensar por él (o tal vez haya que decir *con* él). Cuando llora y lo calmamos, sabiendo que aunque esté enfadado o asustado no le pasa realmente nada grave, el bebé experimenta el contacto con una mente que tiene otros elementos de juicio distintos de los suyos. Esta mente comprende lo que su mente no comprende. Recuerda lo que él no recuerda.

La sucesión de innumerables experiencias de contacto mental va haciendo crecer la mente del bebé. Se puede decir que el pensamiento empieza realmente en el momento en el que el bebé es capaz de traer a la memoria imágenes de cosas que no están en ese momento ahí. Al principio el bebé depende de la madre o de alguna otra persona que esté allí. Pero cuando la madre no está ahí y sin embargo el bebé la puede traer a su memoria y puede recordar, por ejemplo, qué es ser consolado, el bebé está empezando a usar sus propios recursos mentales. Anna estaba empezando a gemir en su cuna. De pronto pareció que le había venido un pensamiento. Se miró el pulgar y se lo metió en la boca. Está claro que recordó que eso la había ayudado la última vez.

Decimos que los bebés «absorben» del mundo. Antes decía que cuando comen están «tomando» mucho más que leche. Entre otras cosas, están absorbiendo la experiencia de que se piensa en ellos, y esto constituye un ingrediente esencial para aprender a pensar.

Juego y comunicación

El juego no es sólo un medio que tiene el bebé para reconocer el mundo exterior, para adquirir experiencias nuevas. El juego tiene también que ver con los sentimientos y con las ideas, con el mundo interior del bebé: el mundo de los deseos (lo que el bebé *querría* que ocurriera), el mundo de los temores (que ocurra lo que el bebé *teme*), el mundo de la imaginación y del intelecto en desarrollo.

Ralph, con siete u ocho meses, estaba sentado en el suelo muy ocupado con su juego de vasos de plástico. Metía cosas en ellos, se las metía en la boca, las sacaba. Su aire de concentración indicaba que estaba haciéndose con las ideas de dentro y fuera, de que una cosa puede estar dentro de otra, de que se la puede sacar cuando está dentro. Antes de tener palabras los bebés tienen ya conceptos, y el desarrollo del lenguaje en el niño es el final de una larga historia anterior.

Hay una poderosa fuerza inconsciente que obra desde el interior de la mente del bebé para dar sentido a lo que le ocurre. Como ya he contado más arriba, a los seis meses Ralph tenía ya mucha experiencia con dentro y fuera: el pezón entra en su boca y sale; la leche entra en su boca pero no vuelve a salir; otras cosas salen de su tripa por abajo; de sus ojos salen lágrimas; de su boca salen ruidos. La madre y el padre lo sostienen bien cogido; también la cuna lo sostiene bien. Su mente está empezando a retener cosas, aunque a veces se le escapen. Al principio no sabe distinguir entre experiencia física y experiencia mental. Después, empieza a verlas separadas. El bebé empieza a pensar en lo que es lo mismo y lo que es diferente.

También parecía que Ralph estaba considerando cómo funcionan las cosas o cómo ocurren. Tras haber terminado de mamar se reclinó hacia atrás y examinó con atención el pezón del pecho de la madre. A continuación lo cogió deliberadamente entre el pulgar y el índice y (según le dijo la madre riéndose a una amiga) «¡trató de desatornillarlo!». Lo dijo en broma, ya que Ralph no podía saber nada de cosas de mecánica, pero lo dijo también basada en la intuición que tuvo de que el bebé tenía la clase de pensamiento que se desarrollaría más tarde hacia la investigación de cómo están hechas las cosas y cómo funcionan.

Ralph estaba también intrigado con la idea del contacto entre las cosas. En esos meses centrales del primer año los bebés empiezan a hacerse idea del espacio que hay entre ellos y otras personas o cosas. Más arriba he hablado de la comunicación inconsciente que ya desde el principio establece el bebé con los demás. Ahora, gradualmente, el bebé desarrolla la capacidad de comunicarse intencionadamente. El desarrollo en el bebé de la capacidad de entender que él es una persona separada de otras se halla íntimamente relacionado con el desarrollo del lenguaje. La comunicación, sea por el gesto, por el juego o por la palabra, es lo que salva la distancia entre dos personas.

Al principio somos nosotros, los adultos, los que comprendemos que existe una distancia –espacio– que hay que salvar. Comprendemos que los bebés necesitan desarrollar su capacidad de comunicación: sabemos que desde el primer momento hemos de comunicarnos con ellos por el gesto y por la palabra. Como he dicho ya antes, muchos recién nacidos se vuelven del lado de donde oyen la voz de la madre, como si ya la conocieran de antes (lo cual es verdad, sólo que la oían desde dentro). Así es que la voz empieza siendo un sonido familiar. El sonido de la voz calma y envuelve al bebé y forma parte de la sensación que tiene de estar sostenido por algo que le es conocido. Pronto ese sonido se une también a la idea de comodidad o de poner atención o de dar amor o de querer comprender.

La mayoría de los padres, por instinto, hablan a sus bebés ya desde los primeros días. Aun el lenguaje más simple, como «mmm, bonito, qué bonito...» o «pobre chiquitín...», sirve para dar forma y sentido a lo que está sucediendo. No nos da la sensación de que sea tonto hablarle al bebé a un nivel más complicado del que podría entender. Vamos por delante del bebé, que trata con afán de alcanzarnos, y lo ayudamos con gestos. Muchas veces, sobre todo si estamos a solas con el bebé, le lanzamos largas peroratas sobre lo que pasa: «¿Quién es la niña bonita, quién es la más guapa? Vamos a darnos un bañito... Mamá está preparando el baño. Déjame que te coja. ¡Cómo está el pañal! Un momento... Mamá viene en un instante... Necesitamos más pañitos...». Con eso no quiero decir que no haya veces que sea mejor estar callados y tranquilos. Lo que quiero decir es que los bebés necesitan que les prestemos palabras y que formulemos por ellos en palabras sus experiencias.

Como era de esperar, pronto empiezan ellos a «responder». Los padres y las demás personas que forman parte de la vida del niño tratan de imaginar y de comprender lo que el bebé quiere decir y lo traducen en gestos y en palabras propiamente dichas. A veces el sentido es claro. Cuando Jane sentada en el suelo levantó los brazos y echó a su madre una mirada suplicante, ésta dijo: «Ah, ¿quieres que te coja, verdad?», y así lo hizo. Miles de pequeños intercambios como ése mantienen vivo en el bebé el deseo de comunicarse. Al bebé le procura mucha satisfacción expresar un deseo, verse comprendido y verse complacido; es decir, comunicarse con éxito.

No son deseos lo único que se comunica con el lenguaje. También los temores y el malestar se alivian al ser expresados en palabras. Hay un largo proceso que empieza en la época de bebé y se continúa a lo largo de toda la infancia: el proceso de dar nombre a muchas ansiedades que se sienten vagamente pero que causan terror, y así hacerlas comprensibles. Las preocupaciones que no tienen nombre, a las que no se sabe identificar, son la causa de las pesadillas. Es sorprendente a qué edades tan tempranas se les puede hablar a los niños. Éstos reciben el mensaje mucho antes de saber decir las palabras. Si uno cree que su bebé le comprende, es que probablemente es así. Hemos de escuchar con escepticismo a los que no opinan así.

Crecimiento: alimentación mixta y salida de los dientes

Cuándo comenzar la alimentación mixta es cosa que ha estado influida por las modas. Hace veinticinco años hacía furor la moda de darles a los bebés pequeñas tomas de alimentos diversos desde que tenían unas cuantas semanas, y aun unos cuantos días. En cambio hace cincuenta años eran muchos los bebés que hasta que no cumplían los nueve meses no probaban además de la leche sino algún raro bizcocho, un poco de zumo de frutas y aceite de hígado de bacalao. Es evidente la gran diferencia entre una y otra moda, ¡y sin embargo las dos han dado bebés que se han criado muy bien!

El hecho central es que, sea lo que quiera que se añada a la leche, la dieta básica del bebé durante un tiempo largo de su vida ha de ser la leche. Mucha gente que exagera dándole al bebé demasiado alimento sólido a expensas de la misma cantidad de leche lo hace porque le preocupa que el bebé se haga demasiado dependiente de la leche. Una madre joven que alimentaba al niño con biberón estaba secretamente obsesionada con el anhelo de que el bebé creciera rápidamente porque le preocupaba que pudiera declararse una escasez de leche en polvo. Le parecía un pensamiento tonto, sabiendo que solamente una grandísima catástrofe podría originar tal escasez, además de que ¿no habría siempre vacas?; pero eso no era óbice para que dicho pensamiento siguiera obsesionándola. Cabe sospechar que el temor que la obsesionaba estaba relacionado con el hecho de que a ella se le hubiera terminado la leche en los pechos, pero lo que quiero subrayar aquí es que a ella se le hacía duro proseguir el régimen lácteo sabiendo que el bebé dependía tanto de éste.

Hay que pasar de un tipo de alimentación a otro gradualmente. Una de las ventajas de la alimentación al pecho es que con ella el bebé tiene garantizado un tiempo de contacto corporal con la madre mientras mama, un tiempo de intimidad corporal unida a la intimidad psicológica. Con el biberón es frecuente que el bebé aprenda a sostenerlo él mismo, lo cual no está mal siempre que con ello no se sacrifique demasiado pronto el tiempo necesario de intimidad con la madre.

La misma naturaleza nos guía hacia la comida sólida. A la mayoría de los bebés les salen los primeros dientes hacia la mitad del primer año. El impulso de masticar reemplaza al impulso de chupar, lo que probablemente significa que el bebé quiere tener encías duras y dientes afilados y que quiere hincarlos en algo. Los dientes son como herramientas y también como armas. El deseo de morder puede estar relacionado con el deseo de sujetar con fuerza y digerir, y puede estar relacionado con ataque y hostilidad.

No cabe duda de que para muchos bebés el período de la salida de los dientes es un período de ansiedad. Las encías dolorosas coinciden con una época de crecimiento, de irritación consciente y de querer atacar. Una madre llevó al bebé al médico porque creía que al niño le pasaba algo. Estaba echando los dientes. El médico le espetó: «Echar los dientes no produce más que dientes». La madre no pensaba así, estaba segura de que la salida de los dientes estaba afectando al niño, y es que —como ya he dicho otras veces— es muy difícil separar en los bebés las sensaciones físicas de las mentales. Los catarros, los sarpullidos y la fiebre pueden provenir tanto de un estado mental como de una alteración corporal.

Vuelta de la madre al trabajo

Antes de terminar con los meses del medio del primer año hemos de considerar que es al llegar este tiempo cuando muchas madres vuelven a trabajar fuera de casa. Este librito no puede servir para aconsejar si la madre debe hacer eso o no. En cada caso individual intervendrán una serie de factores importantes: la situación económica de la familia; las ideas que la madre y el padre tengan sobre la clase de vida que quieren que lleve la familia; lo que signifiquen para el futuro sus carreras, etc. Todo el mundo quiere hacer las cosas por el niño de la mejor manera posible, y hay que considerar todos los factores. Por ejemplo, no se necesita mucha inteligencia para comprender que el bebé necesita tiempo para llegar a conocer a una persona nueva. Pongámonos en el lugar del niño y pensemos en cuáles serán sus necesidades y tratemos de sentir como él siente.

Nos puede resultar difícil hacerlo. Podemos caer en la tentación de creer que el bebé no se va a dar mucha cuenta y que no va a echar de menos demasiado a su mamá. Es verdad que en circunstancias muy favorables el bebé puede salir adelante en ausencia de la madre, pero no cabe duda de que *nota* la ausencia. La madre que por una razón u otra opta por volver al trabajo opta también por un cierto grado de estrés. Por supuesto que hay compensaciones, pero es posible que la vuelta al trabajo no se pueda hacer sin que vaya acompañada de ansiedad en la madre y en el bebé. En cualquier caso, cuando el bebé esté enojado, ansioso e irritable será mejor reconocer la razón que le asiste y que el bebé se dé cuenta de que lo comprendemos. Eso es mejor que tratar de no ver la realidad y engañarnos pretendiendo que la vuelta de la mamá al trabajo no significa nada para el bebé.

CAPÍTULO CUARTO

EL DESARROLLO HACIA LA INDEPENDENCIA

Ahora me voy a ocupar de los últimos tres meses –más o menos– del primer año de la vida del niño. El desarrollo se hace sin saltos bruscos y las cosas que iremos comentando ocurren gradualmente. Mucho de lo que tengo que decir está en relación con lo que ya se ha dicho anteriormente. En esta segunda mitad del primer año se dan algunos avances espectaculares. El bebé se aleja de uno. Gatea y es destetado. Hay bebés que gatean pronto y otros que lo hacen tarde. También varía el momento del destete o de dejar el biberón. Pero esas variaciones individuales no quitan que, al año, el niño lleve una existencia separada de la de la madre que es diferente de la existencia separada que ha tenido anteriormente.

Idas y venidas

Desde que nace, el bebé está aprendiendo que las cosas tienen un comienzo, un desarrollo y un final. Las tomas de alimento que necesita para satisfacerse siguen una línea que tiene sentido: el bebé quiere la toma; sabe que la quiere; la toma llega; al principio la quiere con ansia, después menos, a medida que se va saciando el hambre, y la toma llega a su fin. Entonces se deja que el bebé digiera, y éste se da cuenta de que hay algo que ha terminado, algo que recordar hasta la próxima toma. Este ejemplo es importante, pero hay otros. El bebé se acostumbra también a que los miembros de la familia desaparezcan y aparezcan de nuevo al cabo de dos minutos o de horas o días. Con frecuencia juega a tirar juguetes fuera del alcance de su vista y esperar a que se los devuelvan, y no es casualidad que a los bebés mayorcitos les encanten los juegos de ocultar y descubrir la cara de uno, como en «cu, cu... ¡tras!» y los juegos de ocultarles las cosas y preguntarles «¿dónde está...?». Esos juegos le dan al bebé materia para pensar. Las cosas pueden ser invisibles y sin embargo seguir existiendo. Se teme que algo no vuelva más y de pronto... ¡ahí está!

Marcharse gateando

La vida del bebé cambia por completo cuando aprende a gatear, como cambia también la vida de los padres. Sin duda el bebé experimenta un gran sentimiento de independencia cuando se ve capaz de moverse por sí solo y según su propia iniciativa. Claro que la movilidad tendrá significado distinto según el momento. Unas veces el bebé se irá a algún sitio gateando alegremente a ver qué ocurre allí. Otras veces será la ansiedad la que lo haga gatear en pos de la madre, temiendo perderla de vista. Otras, gateará para alejarse de algo que no le gusta. Por una parte el bebé adquiere mayor libertad; por otra, ahora requiere mayor vigilancia que en los tiempos anteriores de vida estacionaria.

El destete

Las pausas entre tomas y las separaciones periódicas del bebé han servido de práctica para llegar al destete. Los bebés pasan del pecho al biberón y del biberón a la taza a edad diferente de unos a otros. Es frecuente que niños que ya han empezado a andar carguen con el biberón de un lado para otro. Pero, por diferentes que sean los niños unos de otros, el hecho es que a los ocho, nueve o diez meses el niño dice definitivamente adiós a la vida del bebé que mama, del bebé en brazos, del bebé en el regazo. Habrá dejado de ser un bebé.

Cuando a una de esas edades el bebé está dejando el pecho, se puede observar que esa pérdida le está produciendo diversas emociones. Hay bebés que se destetan solos rápidamente, incapaces de soportar estar diciendo adiós tanto tiempo. Hay otros a los que es difícil destetar (volveré más adelante sobre éstos). Los hay que muerden el pecho con rabia y los hay que se entristecen, y hasta hay otros que tienen dolores de vientre y resfriados.

Thomas era un bebé alegre que se estaba criando bien al pecho. Cuando cumplió los seis meses la madre se puso a trabajar a tiempo parcial. Eso y el hecho de que el niño tomaba ya, con agrado, una alimentación mixta lo condujo al destete a la edad de cerca de diez meses. Las últimas semanas antes del destete definitivo Thomas estuvo bastante tranquilo, aunque tuvo un par de resfriados y días de mal humor. Al final llegó la última toma.

Una amiga de la familia lo vio un día sentado en el suelo al lado del lavaplatos, con la nariz moqueando. Con aire abatido sacaba cucharas y tenedores y se los llevaba sin entusiasmo a la boca. Parecía que estaba haciendo una comedia, llevando a la boca cosas frías, secas e incómodas. A modo de saludo a la recién llegada, le alargó una bayeta sucia de fregar el suelo y se quedó mirándola. La amiga se preguntó si Thomas habría querido comunicarle algo acerca de cómo se sentía, como si una bayeta húmeda de tristeza estuviera nublando su espíritu.

La misma amiga volvió a la casa unas semanas más tarde y volvió a encontrar a Thomas sentado en el suelo de la cocina. Esa vez el niño le dirigió una gran sonrisa y con ruidos de alegría le enseñó que estaba jugando con una reluciente cacerola de bronce con un poco de agua dentro. Chapoteó en ella ligeramente con las manos y se rió alegremente. Había recobrado el buen talante.

La persona adulta que observó a Thomas tuvo la sensación de que éste había recuperado alguno de los gratos sentimientos que lo inundaban cuando estaba al pecho de la madre. Las cucharas duras y frías y la bayeta desagradable habían sido substituidas por una cacerola resplandeciente en la que era divertido chapotear. De estar abatido, mocoso y lleno de sentimientos tristes, Thomas había pasado a ser de nuevo él mismo y a sentir otra vez interés por las cosas. Había descubierto que podía sentirse igualmente bien sin necesidad de la relación nutricia con el pecho. Las experiencias placenteras de bebé habían terminado para siempre, pero otras nuevas estaban apareciendo.

Thomas parecía mayor. Sus actos comunicativos estaban llenos de energía y eran además más maduros. Estaba claro que iba a empezar a hablar de un momento a otro. El destete bien conseguido da un espolonazo al desarrollo; y es que se gana muchísimo cuando se dice adiós a una etapa que está ya sobrepasada.

La lucha por crecer:
querer lo que no se puede tener

A lo largo de toda la vida vamos diciendo adiós a la etapa que se queda atrás. El adiós a la infancia es el primer adiós de la serie. Siempre que damos un paso hacia adelante en nuestro crecimiento y desarrollo se produce en nosotros una mezcla de sentimientos en conflicto. Y claro está que los bebés no son ninguna excepción a la regla. Para explicarlo de una manera sencilla diré que un aspecto del carácter del bebé está a favor de avanzar hacia nuevas experiencias, y que en ese mismo bebé hay también un impulso contrario que hace que se sienta nervioso por el cambio, temeroso de perder lo ya querido y ya conocido, temeroso del dolor que puede causar la pérdida.

Una vez más, necesitamos equilibrio. Hay bebés que parecen demasiado decididos a actuar como si fueran independientes. Helen se esforzaba por imitar a su hermana mayor, y fue precoz en empezar a gatear y luego a andar. Siempre estaba trepando a los sitios, a veces de forma peligrosa. Desde muy pequeña sostenía ella misma el biberón y comía por sí misma. Sus padres estaban orgullosos de ella. Sin embargo, parecía como si Helen se estuviera pasando de la raya, sintiendo a su manera de bebé que era todopoderosa, que podía hacer lo que quiera que fuera. Empezó a darse de coscorrones, en sentido figurado y en sentido literal. Pasó una serie de malas noches, en las que tuvo necesidad de que la cogieran y la abrazaran y la arrullaran. Instintivamente, los padres comprendieron que tenía que dejar de actuar como si fuera ya una niña de dos o tres años, y que tenía que dejar que los demás la protegieran en lo que tenía de vulnerable.

Hay otros bebés que son exactamente lo contrario y que necesitan pensarlo mucho y que se los anime mucho antes de decidirse a dejar los caminos ya trillados. Eso lo vemos frecuentemente al tiempo del destete. En condiciones normales la mayoría de las madres asumen ellas mismas una buena parte de la responsabilidad en el proceso del destete. Son ellas las que deciden suprimir una de las últimas tomas de la noche o introducir una comida mixta a mediodía. Los bebés responden y contribuyen ellos mismos al proceso comportándose más o menos de acuerdo o mostrando que necesitan más cantidad o menos de la que se les ofrece. En la mayoría de los casos la cosa marcha sin dificultades y se llega al final a través de una especie de acuerdo mutuo, aunque sea la madre la que dirige. Sin embargo, hay bebés cuyo destete es sumamente difícil.

Ante uno de esos bebés difíciles de destetar no cabe más que emplear tiempo e imaginación. Todos los bebés tienen que ir haciéndose a la idea de que hay cosas que se quieren y no se pueden tener, y que hay cosas que uno querría que ocurrieran y no ocurren. La verdad es que nunca acabamos de aprenderlo. El bebé practica el arte de aprender a decirse *no* a sí mismo a través de toda una infinidad de pequeños incidentes que son controlables. Esos incidentes son también importantes porque el bebé tiene la sensación de que sus esperanzas y sus deseos tienen mucha fuerza. Tiene la sensación, por ejemplo, de que su deseo de una toma de alimento va a proporcionarle la toma como por arte de magia. Tiene que aprender que la vida es más complicada que eso, que los demás tienen sus propias vidas y sus propias mentes, y que la vida a veces nos dice *no* sin contar con nosotros.

Al tiempo del destete la vida le dice al bebé, a la madre y a la familia: «No, no puedes seguir siendo un bebé toda la vida. Aunque sigas chupando de los pechos o de los biberones *no* vas a seguir siendo un bebé. Nada puede detener el paso del tiempo y el proceso de crecer». El bebé que persiste en agarrarse al pecho nutricio no está menos confuso en su mente que el que cede fácilmente en un impulso de ser razonable. Simplemente, uno de los lados triunfa temporalmente sobre el otro. Uno es el lado en el que quiere seguir. El otro es el lado en el que quiere crecer, ganar independencia, dejar —con espíritu de confianza y de generosidad– que la madre se vaya. Éste es el lado que necesita recibir apoyo. Está siempre allí, en algún sitio. Con frecuencia, cuando ha habido largas negociaciones entre la madre y el bebé acerca del destete, cuando éste llega finalmente se produce una sensación de alivio en las dos partes.

Despedirse del bebé y ganar un niño

Puede ser difícil ver la diferencia entre un bebé como Helen, que necesitó retroceder unos cuantos peldaños y ser mimada de nuevo como un bebé, y el niño que necesita ayuda para separarse y decir adiós al bebé que era. Uno de los factores que complican la cuestión del destete es que no es solamente el bebé el que tiene que dejar la lactancia materna, sino también la madre. Aunque la situación puede ser menos marcada en el caso de la lactancia con biberón, sigue habiendo sentimientos en la madre y en toda la familia acerca de perder un bebé y ganar un niño.

Ante todo, el destete puede representar una pérdida, un decir adiós para la madre del bebé. Es frecuente que los dos, la madre y el niño, reconozcan sin palabras que el pecho ha cumplido su misión, y que se olviden de él sin más contemplaciones. El bebé sentirá la mar de cosas al respecto, pero los sentimientos no se desbocarán si la madre no se siente agobiada por ellos.

La madre se siente agobiada cuando, además de tener que habérselas con los sentimientos del bebé, tiene que habérselas con los suyos propios. Sus propios sentimientos pueden hacerla incapaz de resistirse a los deseos del bebé. La madre que siente sólo a medias que ha llegado el tiempo del destete es capaz de idear innumerables argumentos para retrasarlo. Puede argüir que sería cruel destetarlo, dado que ella tiene leche y el bebé la quiere. Puede aducir el tiempo tan largo durante el cual los niños son amamantados en varias culturas, en las que el mamar se prolonga por razones económicas. Y sin embargo sabe que su bebé no necesita mamar para alimentarse. Pero piensa que necesita el consuelo que le da el mamar. En esos casos, dar o no dar de mamar se convierte en materia de opinión.

La madre que trata de sacar fuerzas para hacer frente al descontento del niño puede necesitar ayuda. Tanto la madre como el niño están a punto de sucumbir a un chantaje que no se expresa en palabras pero que está ahí oculto. Ese chantaje velado dice que si al niño le quitan el pecho su descontento se hará incontrolable. La teoría que subyace querría hacer creer que el destete es una catástrofe y no un final natural. El niño lo cree así; la madre también. Es como si el bebé hubiera llegado a sentir que no puede sobrevivir sin el pecho y como si a la madre le faltara el convencimiento optimista de que eso no está más que en la imaginación del bebé. La madre se comporta entonces como si se pusiera de acuerdo con el bebé, y tal vez una parte de ella lo haga, y piense que tampoco ella podría sobrevivir a la separación. Hemos de apoyar el lado adulto de la madre. En las circunstancias más favorables el apoyo viene del padre, que está en condiciones de ayudar a los dos, a la madre y al niño.

Conclusión

Al final del primer año el niño está listo para mirar al mundo de una manera nueva. Cualquiera que haya sido el modelo de existencia que haya seguido hasta entonces, la relación nutricia —relación bilateral— ha tenido una importancia central. Muchas personas habrán significado algo en la vida del bebé, pero el bebé ha necesitado en todo momento estar unido a un adulto determinado. Pese a ello, el bebé ha ido desarrollando al mismo tiempo la sensación de ser una persona separada, y también la sensación de que los demás tienen relaciones con él, pero tienen también relaciones entre ellos. En una familia en la que hay madre y padre es fácil observar ese interés creciente del bebé en las relaciones entre el padre y la madre. En una familia sin padre el bebé observará a la madre y estará muy interesado en las relaciones de la madre con otras personas adultas.

Para terminar, el reinado del bebé ha llegado a su fin. Cuando quiera que vaya a venir el próximo bebé –en cuestión de meses, de años o nunca– el hecho es que ha quedado en el regazo una sensación de vacío y ha dejado el sitio para un sucesor.

BIBLIOGRAFÍA

Bowlby, John, *The Making and Breaking of Affectional Bonds*, Londres, Tavistock Publications, 1979.

Daws, Dilys, *Through the Night*, Londres, Free Association Books, 1989.

Harris, Martha, *Thinking about Parents and Young Children*, Clunie Press, 1975.

Stern, Daniel, *The Diary of a Baby*, Nueva York, Basic Books, 1990 (trad. cast.: *Diario de un bebé*, Barcelona, Ediciones B, 1991).

Winnicott, D. W., *The Child, the Family and the Outside World*, Penguin Books, 1964.